VIAJE AL ISLAM

una guía paso a paso para abrazar la fe

Tabla de Contenido

Tabla de Contenido

Introducción

Convertirse al Islam es un viaje profundo y transformador que implica no solo un cambio de creencias religiosas, sino una reorientación integral de la vida. Este libro, "El viaje al Islam: una guía paso a paso para abrazar la fe", está diseñado para guiarlo en este viaje con claridad, compasión y conocimientos integrales.

El Islam, una de las principales religiones del mundo, ofrece un rico marco espiritual y ético que ha sido adoptado por millones de personas en todo el mundo. Comprender la esencia del Islam, sus creencias fundamentales y sus prácticas es el primer paso hacia esta transformación espiritual. Esta introducción le proporcionará una visión general de lo que implica el Islam, la importancia de la conversión y el impacto que puede tener en su vida.

Este libro tiene como objetivo responder a sus preguntas, aliviar sus inquietudes y brindarle orientación práctica a medida que explora y finalmente abraza el Islam. Incluye historias personales de quienes se han convertido y ofrece diversas perspectivas y experiencias que reflejan la naturaleza multifacética de este viaje.

Ya sea que busques una conexión más profunda con lo divino, un sentido de comunidad o respuestas a las preguntas más profundas de la vida, esta guía te servirá como hoja de ruta. Te ayudará a recorrer las etapas del aprendizaje sobre el Islam, la preparación para la conversión, la integración de las prácticas islámicas en tu vida diaria y el crecimiento espiritual dentro de la fe.

Para emprender este camino se necesita sinceridad, apertura y voluntad de aprender y crecer. Con este libro, no estás solo; formas parte de una comunidad más amplia de personas que han dado pasos similares y tienes el apoyo y los recursos para guiarte en cada paso del camino.

Entendiendo el Islam

El Islam es una de las principales religiones monoteístas del mundo, con más de mil millones de seguidores en todo el mundo. Es una fe arraigada en la creencia en un solo Dios (Alá en árabe) y se caracteriza por un estilo de vida integral que abarca tanto las prácticas religiosas como la conducta cotidiana. Para comprender plenamente el Islam, hay que ahondar en sus creencias fundamentales, sus prácticas, su historia y el profundo impacto que tiene en la vida de sus seguidores.

En el corazón del Islam se encuentra la creencia en la unicidad de Dios, conocida como Tawhid. Este concepto fundamental afirma que Alá es el único creador, sustentador y gobernante del universo. Alá es único, sin socios ni iguales, y posee todos los atributos perfectos. Esta creencia en la unicidad de Dios moldea cada aspecto de la vida del musulmán, fomentando un profundo sentido de devoción, humildad y responsabilidad.

La segunda piedra angular de la fe islámica es la aceptación de Mahoma como el último profeta y mensajero de Alá. Los musulmanes creen que a lo largo de la historia, Alá envió numerosos profetas para guiar a la humanidad, entre ellos Adán, Noé, Abraham, Moisés y Jesús. Mahoma, considerado el "Sello de los Profetas", recibió la revelación final, el Corán, hace más de 1.400 años en La Meca y Medina, regiones de la actual Arabia Saudita. El Corán, considerado la palabra literal de Dios, es fundamental para la fe y la práctica islámicas. Proporciona orientación sobre todos los aspectos de la vida, desde cuestiones espirituales hasta cuestiones sociales y legales.

Los cinco pilares del Islam son las prácticas fundamentales que definen la fe y las acciones del musulmán. Son:

1. **Shahada (Declaración de Fe)** : La Shahada es la profesión de fe musulmana que afirma: "No hay más dios que Alá y Muhammad es Su Mensajero". Esta declaración es el punto de

entrada al Islam y debe ser recitada con creencia sincera.

2. **Salah (oración)** : Los musulmanes deben realizar cinco oraciones diarias en momentos específicos: al amanecer (Fajr), al mediodía (Dhuhr), a media tarde (Asr), al atardecer (Maghrib) y al anochecer (Isha). Estas oraciones sirven como un vínculo directo entre el adorador y Alá, fomentando la disciplina, el crecimiento espiritual y un sentido de comunidad entre los musulmanes.

3. **Zakat (caridad)** : el Islam pone énfasis en la justicia social y en la ayuda a los menos afortunados. El zakat, una forma obligatoria de limosna, exige que los musulmanes den una parte de su riqueza (normalmente el 2,5% de sus ahorros) a los necesitados. Esta práctica purifica la riqueza, reduce la desigualdad y promueve la solidaridad.

4. **Sawm (Ayuno durante el Ramadán)** : Durante el mes islámico de Ramadán, los musulmanes ayunan desde el amanecer hasta el atardecer. Este ayuno incluye abstenerse de comer, beber, fumar y mantener relaciones maritales. Sawm enseña autodisciplina, empatía hacia los hambrientos y gratitud por las bendiciones.

5. **Hajj (Peregrinación a La Meca)** : Todo musulmán que se encuentre en condiciones físicas y económicas para ello debe realizar la peregrinación a La Meca al menos una vez en su vida. El Hajj se lleva a cabo durante el mes islámico de Dhu al-Hijjah e incluye una serie de rituales destinados a simbolizar la unidad de la ummah (comunidad) musulmana y la sumisión a Alá.

Más allá de estas prácticas fundamentales, el Islam comprende un sistema jurídico y ético integral conocido como Sharia. La Sharia, que deriva del Corán y del Hadith (los dichos y acciones registrados del Profeta Muhammad), proporciona pautas sobre todos los aspectos de la vida, incluidos los asuntos familiares, las transacciones comerciales y la justicia penal. La Sharia tiene como objetivo promover la justicia, la misericordia y el bienestar de la sociedad, al tiempo que garantiza que los musulmanes vivan de acuerdo con la voluntad de Alá.

La espiritualidad islámica está profundamente entrelazada con estas prácticas y creencias. El sufismo, o misticismo islámico, representa la dimensión espiritual interna del Islam. Los sufíes buscan una experiencia directa y personal de Dios a través de prácticas como el dhikr (recuerdo de Alá), la meditación y el ascetismo. Las órdenes sufíes, o tariqas, a menudo se forman en torno a líderes espirituales que guían a sus seguidores en el camino hacia la iluminación espiritual y una comunión más estrecha con Alá.

La historia del Islam es rica y compleja, y comienza con la vida del profeta Mahoma en el siglo VII. Tras recibir su primera revelación de Alá a través del ángel Gabriel, Mahoma comenzó a predicar el mensaje del monoteísmo y la justicia social. A pesar de la resistencia y la persecución iniciales, el Islam fue ganando seguidores y estableció una comunidad fuerte en Medina. Tras la muerte de Mahoma, se estableció el sistema del califato para continuar su liderazgo, lo que condujo a la rápida expansión del gobierno islámico por Oriente Medio, el norte de África y más allá.

A lo largo de la historia, la civilización islámica ha hecho contribuciones significativas en diversos campos, como la ciencia, la medicina, las matemáticas, la filosofía y las artes. La Edad de Oro islámica, que abarca aproximadamente los siglos VIII al XIV, fue testigo de avances notables y un florecimiento cultural. Eruditos como Al-Khwarizmi (el padre del álgebra), Ibn Sina (Avicena, pionero en medicina) y Al-Ghazali (un renombrado teólogo y filósofo) tuvieron un impacto duradero que resonó mucho más allá del mundo musulmán.

En la actualidad, el Islam sigue siendo una fe dinámica y diversa, practicada por personas de diversas culturas y orígenes. La comunidad musulmana mundial, o ummah, abarca una amplia gama de tradiciones e interpretaciones. Los sunitas y los chiítas son las dos ramas principales del Islam, que difieren en ciertas perspectivas teológicas e históricas, en particular en lo que respecta a la sucesión legítima del liderazgo tras la muerte del profeta Mahoma. A pesar de estas diferencias, todos los musulmanes comparten un compromiso fundamental con las creencias y prácticas básicas del Islam.

Comprender el Islam también implica reconocer sus valores de paz, compasión y justicia social. La palabra "Islam" deriva de la raíz árabe "slm", que significa paz, sumisión y seguridad. Los musulmanes se saludan entre sí con "As-salamu alaykum", que significa "La paz sea contigo". Este énfasis en la paz y la comunidad es central en las enseñanzas islámicas, aunque, como cualquier religión importante, ha estado sujeta a diversas interpretaciones y contextos políticos.

En resumen, el Islam es una religión rica y multifacética que ofrece un camino espiritual profundo y un modo de vida integral. Sus creencias fundamentales en la unicidad de Dios y la profecía de Mahoma, sus prácticas fundacionales plasmadas en los Cinco Pilares y su extenso sistema legal y ético proporcionan un marco sólido para la conducta personal y comunitaria. Comprender el Islam implica apreciar su profundidad espiritual, su importancia histórica y su relevancia contemporánea, y ofrece una perspectiva de cómo millones de personas en todo el mundo encuentran significado, propósito y comunidad a través de su fe.

¿Por qué convertir?

La decisión de convertirse al Islam es una decisión personal y significativa que puede estar motivada por diversos factores. Para muchos, representa un profundo despertar espiritual y la búsqueda de una conexión más profunda con lo divino. Los principios básicos del Islam, que enfatizan la unicidad de Dios y la profecía de Mahoma, resuenan en quienes buscan claridad, propósito y un marco moral integral.

Una de las razones más convincentes para la conversión es el atractivo del credo monoteísta del Islam. El concepto de Tawhid, la absoluta unicidad de Dios, ofrece una comprensión clara e inequívoca de lo divino. Esta creencia proporciona una sensación de paz y certidumbre, libre de las complejidades y contradicciones que algunos pueden encontrar en otras tradiciones religiosas. Para muchos, la sencillez y pureza del monoteísmo islámico son profundamente atractivas.

Otra motivación poderosa es el propio Corán. Como libro sagrado del Islam, se cree que el Corán es la palabra literal de Dios, revelada al profeta Mahoma hace más de 1.400 años. Sus enseñanzas abarcan todos los aspectos de la vida, desde la conducta personal hasta la justicia social. Muchos conversos se sienten atraídos por el énfasis que pone el Corán en la compasión, la misericordia y la importancia de la justicia y la igualdad. La profundidad espiritual e intelectual del Corán, combinada con su belleza poética, a menudo inspira una profunda reflexión y transformación.

La vida y el ejemplo del Profeta Muhammad también desempeñan un papel crucial en la decisión de convertirse. Como último profeta de una larga lista de mensajeros, la vida de Muhammad se considera un modelo de piedad, humildad y dedicación a Dios. Sus enseñanzas y acciones, meticulosamente registradas en el Hadith, brindan una guía práctica para llevar una vida recta y equilibrada. Los conversos a menudo encuentran en Muhammad una figura inspiradora y con la que pueden identificarse, cuya vida ofrece ejemplos concretos de cómo vivir los principios islámicos.

La comunidad y la pertenencia también son factores importantes. El Islam fomenta un fuerte sentido de ummah, o hermandad global, que trasciende las fronteras étnicas, culturales y nacionales. Este sentido de comunidad puede ser particularmente atractivo en un mundo cada vez más fragmentado. Muchos conversos se sienten atraídos por la calidez, la hospitalidad y la solidaridad que experimentan dentro de las comunidades musulmanas. Este sentimiento de pertenencia y apoyo mutuo puede proporcionar una sólida red de sustento emocional y espiritual.

El marco ético y moral del Islam es otro de sus atractivos principales. Las enseñanzas islámicas ofrecen una orientación clara sobre cuestiones de moralidad, justicia social y conducta personal. Este sistema ético integral se basa en los principios de justicia, compasión y responsabilidad, que se articulan a través de la Sharia. Para quienes buscan un enfoque estructurado y basado en principios para la vida, el Islam ofrece un marco ético coherente y holístico que aborda tanto las preocupaciones personales como las sociales.

Las historias personales de conversión suelen poner de relieve momentos de profundas experiencias o realizaciones espirituales, como experiencias de intervención divina, sueños o una sensación de paz interior y certeza al aprender sobre el Islam. Esas experiencias pueden ser poderosos catalizadores de la conversión, reforzando el atractivo intelectual y emocional de la fe.

Además, la disciplina y la estructura que brindan las prácticas islámicas pueden resultar muy atractivas. Los cinco pilares del Islam (la fe, la oración, el zakat, el ayuno y la peregrinación) ofrecen un marco claro y coherente para el culto y la vida diaria. Estas prácticas no solo mejoran el crecimiento espiritual, sino que también promueven la autodisciplina, la participación en la comunidad y un mayor sentido de propósito.

Para algunas personas, la decisión de convertirse está influida por acontecimientos importantes de la vida o relaciones personales. Casarse con una persona musulmana, por ejemplo, puede impulsar una exploración de la fe y conducir a una decisión personal de convertirse. De manera similar, experimentar grandes cambios o crisis en la vida puede inspirar una búsqueda de sentido y estabilidad, que algunas personas encuentran en las enseñanzas del Islam.

Además, no se puede subestimar el atractivo intelectual del Islam. Muchos conversos se sienten atraídos por la coherencia lógica y la profundidad filosófica de la teología islámica. La religión fomenta el pensamiento crítico, la reflexión y la búsqueda del conocimiento, algo que atrae a quienes valoran el compromiso intelectual junto con la devoción espiritual.

En el mundo actual, donde predominan el materialismo y el consumismo, las enseñanzas espirituales y éticas del Islam ofrecen una alternativa significativa. El énfasis en la sencillez, la humildad y la gratitud que se da en el Islam ofrece un contrapeso a las presiones y distracciones de la vida moderna. Para muchos, convertirse al Islam representa un retorno a los valores esenciales y a una forma de vida más sólida y con más propósito.

En definitiva, la decisión de convertirse al Islam es una decisión multifacética, condicionada por una combinación de factores espirituales, intelectuales, emocionales y sociales. El camino de cada persona es único y refleja sus experiencias, reflexiones y aspiraciones individuales. Sin embargo, lo que todos los conversos tienen en común es el deseo de una conexión más profunda con Dios, una comprensión más clara del propósito de la vida y un sentido de pertenencia a una comunidad mundial de fe. Convertirse al Islam no consiste únicamente en adoptar un nuevo conjunto de creencias y prácticas, sino en embarcarse en un camino transformador que reforme la identidad, los valores y la visión del mundo de la persona de manera profunda y duradera.

Autorreflexión

La autorreflexión es un paso inicial crucial para quien esté considerando convertirse al Islam. Implica un examen profundo y honesto de las propias creencias, valores y motivaciones. Este proceso no consiste simplemente en evaluar las doctrinas religiosas, sino también en comprender las aspiraciones personales, las experiencias de vida y las necesidades espirituales.

Comience por reflexionar sobre sus creencias y prácticas espirituales actuales. ¿Qué aspectos de su fe o visión del mundo actual resuenan con usted y qué aspectos considera deficientes o insatisfactorios? La autorreflexión requiere reconocer estos sentimientos abiertamente. ¿Hay preguntas o dudas particulares con las que ha estado lidiando? Identificarlas puede ayudar a aclarar si el Islam aborda sus preocupaciones de manera significativa.

Piensa en tu recorrido espiritual hasta este punto. ¿Has experimentado momentos de profunda comprensión o transformación que podrían estar guiándote hacia el Islam? Reflexiona sobre experiencias espirituales, prácticas religiosas o revelaciones personales pasadas. Estas experiencias a menudo moldean nuestros caminos espirituales y pueden brindar valiosas perspectivas sobre por qué podrías sentirte atraído hacia el Islam.

Otro aspecto importante de la autorreflexión es examinar tus valores personales y cómo se alinean con las enseñanzas islámicas. El Islam hace mucho hincapié en principios como la justicia, la compasión, la honestidad y la humildad. Reflexiona sobre cómo estos valores resuenan con tu propio sentido de la moralidad y la ética. ¿Te sientes naturalmente inclinado hacia estos valores o son áreas en las que buscas crecer y alinearte?

La autorreflexión también implica evaluar las motivaciones que te llevan a considerar la conversión. ¿Te atrae el Islam un interés espiritual genuino o hay factores externos que influyen en tu decisión, como las relaciones, las presiones sociales o las tendencias culturales? Comprender tus verdaderas motivaciones te ayudará a asegurarte de que tu decisión se base en una convicción sincera y no en razones pasajeras o superficiales.

Piense en cómo las creencias y prácticas fundamentales del Islam se alinean con sus metas y estilo de vida personales. Por ejemplo, ¿qué opina acerca de los conceptos de monoteísmo, la finalidad de la profecía y las prácticas de oración diaria, ayuno y caridad? Reflexione sobre si estos elementos son compatibles con su estilo de vida actual y si está listo para integrarlos en su vida diaria.

Reflexione sobre los posibles cambios que la conversión podría traer a su vida. Esto incluye cambios en sus rutinas diarias, interacciones sociales y posiblemente incluso en la dinámica familiar. ¿Está preparado para estos cambios? ¿Está listo para aceptar una nueva comunidad y posiblemente enfrentar desafíos u oposición de quienes lo rodean? La autorreflexión implica prepararse mental y emocionalmente para estos cambios.

También es importante considerar los aspectos emocionales de la conversión. ¿Cómo te sientes ante la idea de unirte a una nueva comunidad religiosa? ¿Estás emocionado, ansioso o aprensivo? Estos sentimientos son naturales y es importante reconocerlos mientras evalúas tu decisión. Comprender tus respuestas emocionales puede ayudarte a abordar el proceso con mayor claridad y preparación.

La autorreflexión también puede implicar buscar la orientación de personas de confianza que te conozcan bien. Pueden ofrecerte perspectivas y puntos de vista que tal vez no hubieras considerado por tu cuenta. Las conversaciones con amigos, familiares o mentores espirituales pueden brindarte apoyo adicional y ayudarte a explorar tus pensamientos con mayor profundidad.

Por último, la autorreflexión debe ser un proceso continuo. Es importante que revises periódicamente tus pensamientos y sentimientos a medida que sigues aprendiendo sobre el Islam. Esta reflexión constante ayuda a garantizar que tu decisión se mantenga alineada con tu comprensión y tus experiencias en evolución.

En resumen, la autorreflexión es un paso fundamental en el proceso de conversión. Implica un examen exhaustivo de sus creencias, valores, motivaciones y disposición para el cambio. Al participar en una autorreflexión honesta y reflexiva, puede obtener una comprensión más clara de sus necesidades espirituales y de si el Islam ofrece un camino que realmente se adapta a su recorrido personal. Este proceso no solo lo ayuda a tomar una decisión informada, sino que también lo prepara para una adopción significativa y comprometida de la fe.

Investigación y aprendizaje

La investigación y el aprendizaje son pasos esenciales en el camino hacia la conversión al Islam. Esta fase implica una exploración profunda y exhaustiva de la fe, sus enseñanzas y sus prácticas para garantizar que su decisión esté bien informada y sea genuina. El proceso de comprensión del Islam es multifacético y abarca dimensiones teológicas, históricas, prácticas y culturales.

Para empezar, es fundamental familiarizarse con los textos fundamentales del Islam. El Corán es el libro sagrado principal del Islam y se cree que es la palabra literal de Dios revelada al profeta Mahoma. Es importante acercarse al Corán con una mente abierta y analítica, leyendo traducciones si no se habla árabe y consultando diversas interpretaciones para lograr una comprensión integral. Estudiar el Corán implica no solo leer sus versículos, sino también reflexionar sobre sus significados y cómo se aplican a la vida diaria.

Junto con el Corán, los hadices, que son los dichos y acciones del Profeta Muhammad, brindan información esencial sobre los aspectos prácticos de la vida islámica. La literatura sobre hadices es amplia y, si bien algunas colecciones tienen más autoridad, es beneficioso explorar diferentes fuentes para obtener una perspectiva más amplia. El estudio de los hadices ayuda a comprender el contexto en el que se reveló el Corán y cómo se han aplicado históricamente las enseñanzas del Islam.

Otro aspecto importante de la investigación es comprender la vida del Profeta Muhammad, el último mensajero del Islam. Su biografía, conocida como la Sira, ofrece valiosas lecciones y contexto para las enseñanzas que se encuentran en el Corán y los Hadices. Al aprender sobre su vida, sus luchas y su carácter, se puede obtener una apreciación más profunda de los principios y valores del Islam. Hay numerosas biografías y relatos históricos disponibles que detallan su vida y el desarrollo temprano de la comunidad islámica.

También resulta beneficioso explorar el desarrollo histórico del Islam. Comprender cómo se difundió la fe, su interacción con diferentes culturas y su papel en la formación de civilizaciones puede proporcionar una perspectiva más rica sobre sus prácticas y enseñanzas. La historia del Islam incluye su expansión por diversas regiones, el desarrollo de la jurisprudencia islámica y las contribuciones de los eruditos musulmanes a diversos campos como la ciencia, la filosofía y las artes. Este contexto histórico ayuda a apreciar el impacto global del Islam y sus diversas expresiones.

Además de estudiar los textos y la historia, es fundamental estudiar el pensamiento islámico contemporáneo. El Islam, como todas las religiones importantes, se practica e interpreta de diversas maneras en todo el mundo. Leer a los eruditos y pensadores islámicos contemporáneos puede brindar información sobre cómo se entiende y se vive el Islam en la actualidad. Esto incluye explorar diferentes escuelas de pensamiento dentro del Islam, como las tradiciones suní y chií, y comprender sus interpretaciones de cuestiones clave.

Asistir a conferencias, seminarios y clases sobre el Islam también puede ser muy beneficioso. Muchas mezquitas y centros islámicos ofrecen programas educativos para quienes estén interesados en aprender sobre la fe. Estos programas suelen incluir debates sobre teología, derecho y espiritualidad islámicos, así como consejos prácticos sobre cómo integrar las prácticas islámicas en la vida diaria. Participar en estas oportunidades educativas puede brindar una interacción directa con personas conocedoras y fomentar una comprensión más profunda de la fe.

Conversar con musulmanes y visitar mezquitas son pasos prácticos que pueden mejorar enormemente su experiencia de aprendizaje. Las interacciones personales con musulmanes pueden brindarle información de primera mano sobre la fe y sus prácticas. Estas conversaciones pueden ayudar a aclarar preguntas, abordar inquietudes y ofrecer una idea del aspecto comunitario del Islam. Las visitas a mezquitas le permiten observar prácticas de culto, participar en eventos comunitarios y experimentar el entorno social y espiritual de una comunidad musulmana.

A la hora de investigar sobre el Islam, es importante abordar las fuentes de manera crítica. Existe una gran cantidad de información disponible en línea y en formato impreso, pero no todas las fuentes son igualmente fiables u objetivas. Es aconsejable consultar a académicos, instituciones y libros de prestigio que gocen de buena reputación dentro de la comunidad musulmana. Evite las fuentes que puedan presentar una visión parcial o incompleta del Islam, ya que pueden distorsionar su comprensión.

El estudio y la reflexión por cuenta propia también son una parte crucial de esta fase. A medida que lees y aprendes, tómate un tiempo para reflexionar sobre cómo las enseñanzas del Islam se alinean con tus propias creencias y valores. Considera cómo los principios del Islam pueden afectar tu vida, tanto espiritual como prácticamente. Este proceso reflexivo ayuda a integrar los nuevos conocimientos y a evaluar cómo se relacionan con tu recorrido personal.

Comprender las prácticas islámicas es otro aspecto importante de su investigación. Familiaricese con los rituales diarios, como las cinco oraciones diarias, el ayuno durante el Ramadán y la entrega del zakat (caridad). Aprender sobre estas prácticas y su importancia le proporcionará una perspectiva práctica sobre cómo se aplican las enseñanzas islámicas en la vida diaria. Observar o participar en estas prácticas, si es posible, también puede ofrecerle una apreciación más profunda de su papel en la fe musulmana.

Además de las prácticas religiosas, es importante comprender las dimensiones sociales y culturales del Islam. Las distintas culturas interpretan y practican el Islam de distintas maneras, y comprender estos contextos culturales puede enriquecer su comprensión de la fe. Aprender sobre la ética islámica, los principios de justicia social y el papel de la comunidad puede brindar una visión holística de cómo el Islam influye en el comportamiento personal y social.

A medida que avanza en su investigación y aprendizaje, mantenga un diario o registro de sus pensamientos y preguntas. Documentar sus reflexiones, ideas y cualquier incertidumbre puede ayudarlo a seguir su camino y aclarar su comprensión. Este registro también puede servir como un recurso valioso a medida que continúa explorando y comprometiéndose con la fe.

En resumen, el proceso de investigación y aprendizaje sobre el Islam es un viaje integral y continuo. Implica estudiar el Corán y los hadices, explorar la vida del Profeta Muhammad, comprender la historia islámica y el pensamiento contemporáneo, y relacionarse con la comunidad musulmana. Esta exploración en profundidad ayuda a garantizar que su decisión de convertirse sea informada y sincera, y que esté en consonancia con sus creencias y valores personales. Al abordar este proceso con apertura y diligencia, usted sienta las bases para una adopción significativa y comprometida del Islam.

Encuentro con musulmanes

Conocer a musulmanes y relacionarse con la comunidad musulmana es un paso fundamental para cualquier persona que esté considerando convertirse al Islam. Esta interacción brinda información valiosa sobre las experiencias vividas por los musulmanes, ayuda a disipar conceptos erróneos y ofrece apoyo en su camino hacia la adopción de la fe.

Comience visitando las mezquitas locales. Las mezquitas no son solo lugares de culto, sino también centros comunitarios donde los musulmanes se reúnen para rezar, participar en programas educativos y en eventos sociales. Cuando visite una mezquita, observe los rituales de oración y el sentido de comunidad que impregna el ambiente. Muchas mezquitas ofrecen jornadas de puertas abiertas o programas de bienvenida específicamente para no musulmanes y para aquellos interesados en aprender sobre el Islam. Estos eventos brindan una gran oportunidad para hacer preguntas, aprender sobre las prácticas islámicas y conocer a musulmanes en un entorno acogedor.

Interactúe con el imán o líder religioso de la mezquita. Los imanes conocen las enseñanzas y prácticas islámicas y pueden brindar orientación sobre cuestiones teológicas y prácticas. También pueden ponerlo en contacto con recursos, grupos de estudio y otros miembros de la comunidad que pueden ayudarlo en su proceso de aprendizaje. Desarrollar una relación con un imán puede ser particularmente beneficioso, ya que puede abordar sus preguntas e inquietudes específicas con profundidad y claridad.

Participe en eventos y actividades comunitarias organizadas por la mezquita o los centros islámicos. Estos eventos van desde celebraciones religiosas como el Eid hasta talleres educativos, campañas benéficas y reuniones sociales. Asistir a estos eventos le permite experimentar el aspecto comunitario del Islam y ver cómo los musulmanes practican su fe en la vida cotidiana. También le brinda la oportunidad de conocer a personas de diversos orígenes y escuchar sus historias y experiencias personales.

Considere unirse a un grupo de estudio o tomar clases ofrecidas por la mezquita o las organizaciones islámicas locales. Muchas comunidades tienen programas para aquellos interesados en aprender sobre el Islam, incluidos cursos sobre el Corán, los hadices, la historia islámica y el árabe. Estas clases no solo mejoran su conocimiento, sino que también le permiten conectarse con otras personas que están en un camino similar. Los grupos de estudio a menudo fomentan un sentido de camaradería y brindan un entorno de apoyo para discutir y explorar la fe.

La interacción con amigos, colegas o conocidos musulmanes también puede ser una parte valiosa de este proceso. Si conoces personalmente a algún musulmán, acércate a él y exprésale tu interés en aprender más sobre su fe. Muchos musulmanes están dispuestos a compartir sus experiencias, responder preguntas y ofrecer apoyo. Las interacciones personales pueden brindar una comprensión más matizada e íntima de cómo el Islam influye en la vida diaria y los valores personales.

Las comunidades en línea y las redes sociales también pueden desempeñar un papel importante a la hora de conocer a musulmanes y aprender sobre el Islam. Muchos musulmanes son activos en las redes sociales y comparten sus experiencias, ideas y conocimientos. Unirse a foros en línea, seguir a personas musulmanas influyentes y participar en debates virtuales puede proporcionar perspectivas y recursos adicionales. Sin embargo, es importante abordar la información en línea de manera crítica y buscar fuentes confiables y personas con conocimientos.

Cuando se reúna con musulmanes, aborde estas interacciones con respeto, apertura y un deseo genuino de aprender. Tenga en cuenta las sensibilidades culturales y las normas de etiqueta. Por ejemplo, vestirse modestamente al visitar una mezquita y mostrar respeto durante los momentos de oración son gestos apreciados. Escuchar activamente y mostrar aprecio por las ideas compartidas por los demás puede ayudar a construir conexiones positivas y significativas.

Al relacionarse con la comunidad musulmana, puede encontrarse con diversas interpretaciones y prácticas dentro del Islam. Los sunitas y los chiítas son las dos ramas principales, cada una con sus propias tradiciones y escuelas de pensamiento. Comprender estas diferencias puede brindarle una visión más integral del Islam y ayudarlo a apreciar su rica diversidad. Haga preguntas y trate de comprender las razones detrás de las diferentes prácticas y creencias, fomentando una perspectiva respetuosa e informada.

Conocer a musulmanes también nos brinda la oportunidad de aprender sobre los desafíos y las alegrías de practicar el Islam en la sociedad contemporánea. Muchos musulmanes se enfrentan a malentendidos y estereotipos, y escuchar sus experiencias puede ofrecernos valiosas perspectivas sobre las realidades de la vida como musulmán en la actualidad. Esta comprensión puede profundizar su empatía y prepararlo para los posibles desafíos que podría enfrentar después de la conversión.

Considere la posibilidad de ofrecerse como voluntario o participar en actividades benéficas organizadas por la comunidad musulmana. El Islam hace mucho hincapié en la caridad y la justicia social, y participar en estas actividades puede proporcionar una comprensión práctica de estos valores. También le permite contribuir positivamente a la comunidad y construir relaciones a través del servicio compartido.

Reflexione sobre sus experiencias al conocer a musulmanes y relacionarse con la comunidad. Tome nota de lo que le resulte familiar, las preguntas que surjan y las reflexiones que obtenga. Estas reflexiones pueden ayudarle a aclarar su comprensión y sus sentimientos sobre la conversión al Islam. También proporcionan una base para una mayor exploración y aprendizaje.

Conocer a musulmanes e integrarse en la comunidad es un proceso continuo que se extiende más allá de las interacciones iniciales. A medida que continúe aprendiendo y creciendo en su comprensión del Islam, estas relaciones desempeñarán un papel crucial en su camino espiritual. Ofrecen apoyo, amistad y un sentido de pertenencia que es esencial para una práctica de la fe plena y comprometida.

En resumen, conocer a musulmanes y relacionarse con la comunidad es un paso vital en el proceso de conversión al Islam. Proporciona una perspectiva de primera mano sobre la fe, ofrece apoyo y orientación y fomenta un sentido de pertenencia. Al participar en las actividades de la mezquita, asistir a eventos comunitarios, unirse a grupos de estudio y construir relaciones personales, puede profundizar su comprensión del Islam y prepararse para una conversión significativa e informada. Este compromiso no solo enriquece su conocimiento, sino que también lo ayuda a integrarse en la comunidad musulmana, lo que hace que su viaje espiritual sea más integral y esté más respaldado.

Entendiendo el Corán

El Corán, considerado por los musulmanes como la palabra literal de Dios, revelada al profeta Mahoma a lo largo de 23 años, es el texto más importante del Islam. Sirve como la fuente suprema de orientación para todos los aspectos de la vida, abarcando la teología, la moral, la ley y la espiritualidad. Para quienes están considerando convertirse al Islam, comprender el Corán es un paso crucial para captar la esencia de la fe. Este viaje implica no solo leer e interpretar el texto, sino también apreciar sus dimensiones históricas, lingüísticas y espirituales.

El Corán se compone de 114 capítulos, conocidos como suras, que varían en longitud y cubren una amplia gama de temas. Cada sura se divide en versículos llamados aleyas. El texto está escrito en árabe clásico, y los musulmanes consideran que su lenguaje no tiene parangón en belleza y elocuencia. Para quienes no hablan árabe, hay numerosas traducciones disponibles, y es beneficioso consultar varias traducciones para captar los matices del idioma original. Sin embargo, los musulmanes creen que la verdadera esencia del Corán solo se puede apreciar plenamente en árabe, por lo que aprender el idioma es una valiosa tarea para una comprensión más profunda.

El proceso de comprensión del Corán comienza con familiarizarse con su estructura y sus temas. El Corán aborda conceptos teológicos fundamentales, como la unicidad de Dios (Tawhid), el propósito de la creación y la vida después de la muerte. También proporciona orientación sobre la conducta personal, la justicia social, las relaciones familiares y el comportamiento ético. Leer el Corán teniendo en cuenta estos temas ayuda a contextualizar sus versículos y a comprender su relevancia para diversos aspectos de la vida.

Un aspecto importante para comprender el Corán es reconocer su contexto histórico y cultural. Las revelaciones ocurrieron en la Arabia del siglo VII y muchos versículos responden a eventos o problemas específicos a los que se enfrentó la comunidad musulmana primitiva.

Conocer el contexto en el que se revelaron versículos particulares puede brindar una comprensión más profunda de sus significados y aplicaciones. Esta perspectiva histórica a menudo se desarrolla en la ciencia de Asbab al-Nuzul (las razones de la revelación), que explica las circunstancias que rodearon la revelación de versículos específicos.

El estudio del Tafsir, la exégesis o comentario del Corán, es esencial para una comprensión integral. Los eruditos clásicos y contemporáneos han escrito extensas obras de Tafsir que explican los significados, las implicaciones y los contextos de los versículos coránicos. Reconocidos eruditos de Tafsir, como Ibn Kathir, Al-Tabari y Al-Qurtubi, ofrecen explicaciones detalladas que ayudan a aclarar versículos y temas complejos. Las obras de Tafsir modernas, como las de Sayyid Qutb y Maulana Maududi, ofrecen interpretaciones contemporáneas que abordan cuestiones actuales. El estudio del Tafsir permite un estudio más profundo y mejor informado del texto.

Otro aspecto importante para comprender el Corán son sus características lingüísticas y literarias. El Corán es famoso por su estilo único, sus recursos retóricos y sus cualidades poéticas. Emplea diversas técnicas literarias, incluidas metáforas, símiles y parábolas, para transmitir sus mensajes de manera eficaz. La apreciación de estos elementos literarios mejora la comprensión del lector de la profundidad y la belleza del texto. Los eruditos suelen analizar el lenguaje del Corán para descubrir capas de significado y apreciar su poder artístico y expresivo.

La lectura reflexiva y la contemplación, conocidas como Tadabbur, son fundamentales para comprender el Corán. Se anima a los musulmanes a reflexionar sobre el significado de los versículos y cómo se aplican a sus vidas. Este enfoque reflexivo implica no solo un compromiso intelectual, sino también una conexión espiritual y emocional con el texto. Al contemplar los versículos, los lectores pueden obtener perspectivas personales y desarrollar una relación más profunda con las enseñanzas del Corán.

El Corán también enfatiza la importancia de buscar el conocimiento y la comprensión. Anima a los creyentes a reflexionar sobre el mundo natural, la historia humana y sus propias experiencias como signos de la presencia y guía de Dios. Este enfoque holístico del aprendizaje implica integrar el estudio del Corán con actividades intelectuales y espirituales más amplias. Participar en debates con personas eruditas, asistir a círculos de estudio y participar en clases coránicas puede enriquecer aún más la comprensión.

Comprender el Corán también implica reconocer sus directrices éticas y morales. El Corán ofrece un marco integral para la conducta personal y social, haciendo hincapié en valores como la justicia, la compasión, la honestidad y la humildad. Reflexionar sobre estas enseñanzas éticas y esforzarse por incorporarlas en la vida diaria es un aspecto crucial del estudio del Corán, ya que ayuda a transformar el conocimiento teórico en acción práctica, alineando la conducta de uno con los principios de la fe.

La dimensión espiritual del Corán es otro elemento fundamental que hay que explorar. El Corán no es sólo un libro de leyes y guía, sino también una fuente de alimento e inspiración espiritual. Aborda la vida interior del creyente, ofreciendo consuelo, aliento y sabiduría. Se cree que recitar y escuchar el Corán, especialmente en su versión original árabe, tiene un profundo impacto espiritual. Muchos musulmanes encuentran consuelo y fortaleza en la recitación rítmica y melodiosa del Corán, conocida como Tilawah.

Por último, comprender el Corán es un viaje que dura toda la vida. El texto es rico en significados y perspectivas que se pueden descubrir mediante el estudio, la reflexión y la práctica continuos. A medida que aumentan los conocimientos y la experiencia, también lo hace la profundidad de la comprensión y el aprecio por el Corán. Este compromiso continuo fomenta una relación dinámica y en evolución con el texto, lo que permite que sus enseñanzas inspiren y guíen continuamente.

En resumen, comprender el Corán implica un enfoque multifacético que incluye el estudio de su texto, contexto e interpretación, la apreciación de sus cualidades lingüísticas y literarias, la lectura reflexiva y contemplativa, y la integración de sus enseñanzas éticas y espirituales en la vida diaria. Este compromiso integral no solo proporciona una comprensión más profunda de la fe, sino que también fomenta una conexión profunda con el mensaje divino que encarna el Corán. Al comprometerse con este proceso, las personas pueden abrazar plenamente la sabiduría y la guía del Corán en su camino hacia la adopción del Islam.

La vida del profeta Mahoma

El Profeta Muhammad, el último profeta del Islam, es una figura central cuya vida y enseñanzas han moldeado profundamente la fe. La historia de su vida, o Sirah, no es sólo un relato histórico sino una fuente de inspiración y guía para los musulmanes de todo el mundo. Comprender la vida de Muhammad proporciona conocimientos esenciales sobre los fundamentos del Islam y sus principios éticos y morales.

Muhammad nació en el año 570 d. C. en la ciudad de La Meca, en la actual Arabia Saudita. Pertenecía a la tribu Quraysh, una tribu respetada e influyente en La Meca. Su padre, Abdullah, murió antes de que él naciera, y su madre, Amina, falleció cuando él tenía seis años. Muhammad quedó huérfano a temprana edad y fue criado por su abuelo, Abdul Muttalib, y más tarde por su tío, Abu Talib. Estas experiencias tempranas de pérdida y adversidades moldearon profundamente su carácter, inculcándole cualidades de empatía, resiliencia y humildad.

De joven, Mahoma se ganó una reputación por su honestidad e integridad, lo que le valió el apodo de "Al-Amin", que significa "el digno de confianza". Trabajó como comerciante y fue empleado de Jadiya, una viuda adinerada. Impresionada por su carácter y su perspicacia para los negocios, Jadiya le propuso matrimonio a Mahoma, y se casaron cuando él tenía 25 años y ella 40. Su matrimonio fue una relación feliz y solidaria, y Jadiya siguió siendo un apoyo crucial para Mahoma durante sus primeros años de profecía.

La vida de Mahoma dio un giro radical a los 40 años, cuando comenzó a recibir revelaciones divinas. Mientras meditaba en la cueva de Hira, en el monte Noor, recibió la visita del ángel Gabriel, quien le transmitió los primeros versículos del Corán. Este acontecimiento marcó el comienzo de su misión como profeta. Al principio, las revelaciones inquietaron profundamente a Mahoma, pero Jadiya lo consoló y le aseguró que tenía un carácter noble y que tenía un propósito divino.

Durante los primeros años, el mensaje de Mahoma sobre el monoteísmo y la justicia social se difundió discretamente entre sus familiares y amigos más cercanos. Sus primeros seguidores, entre ellos Jadiya, su primo Alí y su íntimo amigo Abu Bakr, formaron el núcleo de la naciente comunidad musulmana. Sin embargo, a medida que su mensaje se hizo más público, se enfrentó a una feroz oposición por parte de los líderes de Quraysh, que lo veían como una amenaza a su poder social y económico, que estaba estrechamente vinculado a las prácticas politeístas de La Meca.

A pesar de la hostilidad, Mahoma persistió en su misión, predicando la unicidad de Dios (Tawhid), la importancia de la integridad moral y la necesidad de justicia social. Sus enseñanzas desafiaban las injusticias y desigualdades de la sociedad mecana, incluido el maltrato a las mujeres, los pobres y los esclavos. Este mensaje resonó en muchas personas, lo que llevó a un creciente número de conversos de diversos estratos sociales.

La creciente persecución de los musulmanes en La Meca finalmente llevó a la migración, o Hégira, a la ciudad de Yathrib (más tarde conocida como Medina) en el año 622 d.C. Esta migración marca el comienzo del calendario islámico. En Medina, Mahoma estableció una nueva comunidad basada en los principios islámicos. Se convirtió no solo en un líder espiritual sino también en un líder político y social, mediando en conflictos y uniendo a las diversas tribus de la región.

En Medina, la comunidad musulmana creció rápidamente. El liderazgo de Mahoma y las revelaciones que recibió sentaron las bases de la ley y el gobierno islámicos. La Constitución de Medina, redactada bajo su dirección, fue un documento pionero que estableció una sociedad pluralista en la que musulmanes, judíos y otras comunidades podían coexistir pacíficamente bajo un marco legal común.

La vida de Mahoma en Medina estuvo marcada por varios acontecimientos importantes, entre ellos las batallas con los Quraysh y otras tribus. La batalla de Badr en el año 624 d. C. fue una victoria crucial para los musulmanes, que demostró su resistencia y el apoyo divino. Sin embargo, las batallas posteriores, como la batalla de Uhud y la batalla de la Trinchera, pusieron a prueba la fuerza y la unidad de la comunidad. A través de estos desafíos, el liderazgo y la perspicacia estratégica de Mahoma fueron evidentes, ya que navegó por las vías militares y diplomáticas para asegurar la supervivencia y el crecimiento de la comunidad musulmana.

El Tratado de Hudaybiyya, en el año 628, fue un punto de inflexión, ya que permitió una tregua de diez años entre los musulmanes y los Quraysh. Este tratado proporcionó un período de paz durante el cual el Islam se extendió significativamente por toda la península Arábiga. Dos años después, en el año 630, Mahoma y sus seguidores conquistaron pacíficamente La Meca, lo que marcó una victoria trascendental. Al entrar en la ciudad, Mahoma perdonó a sus antiguos perseguidores y purificó la Kaaba eliminando sus ídolos, restableciéndola como el centro del culto monoteísta.

Los últimos años de la vida de Mahoma se dedicaron a consolidar la comunidad musulmana y a difundir el mensaje del Islam. Su peregrinación de despedida en el año 632 d. C. fue un acontecimiento significativo, en el que pronunció su sermón de despedida, en el que resumió los principios básicos del Islam. Enfatizó la igualdad, la justicia y la importancia de seguir el Corán y su Sunnah (prácticas y dichos) como fuentes de orientación.

Mahoma falleció en el año 632 d. C. en Medina. Su muerte marcó el fin de la profecía en el Islam, pero su legado continuó a través de sus enseñanzas y la comunidad que estableció. El Corán y los hadices siguen siendo las principales fuentes de orientación para los musulmanes, mientras que su carácter ejemplar y su liderazgo siguen siendo fuente de inspiración.

Comprender la vida del profeta Mahoma es fundamental para comprender los fundamentos del Islam. Sus experiencias, desafíos y triunfos brindan un contexto para las revelaciones coránicas y el desarrollo de los principios islámicos. La vida de Mahoma ejemplifica los valores de la compasión, la justicia y la firmeza, y sirve como modelo atemporal para los musulmanes de todo el mundo. Al estudiar su vida, se obtiene una apreciación más profunda del profundo impacto que tuvo en la formación de una religión que sigue guiando a millones de personas en la actualidad.

Prácticas y rituales islámicos

Las prácticas y rituales islámicos constituyen el núcleo de la vida diaria del musulmán, y brindan una estructura y una conexión directa con Dios. Estas prácticas no son meros actos de adoración, sino que son parte integral de la vida espiritual y ética del musulmán, fomentando la disciplina, la comunidad y el recuerdo constante de Dios. Comprender estas prácticas es esencial para cualquier persona que esté considerando convertirse al Islam, ya que son fundamentales para vivir la fe.

Una de las prácticas más fundamentales del Islam es la declaración de fe, conocida como Shahada. La Shahada es el testimonio de que no hay más dios que Alá y que Mahoma es su mensajero. Esta declaración es el primer pilar del Islam y significa la entrada en la fe musulmana. Es una declaración sencilla pero profunda que resume la esencia de la creencia islámica y sirve como recordatorio constante del compromiso del musulmán con Dios.

El segundo pilar del Islam es la oración, las cinco oraciones diarias. Estas oraciones se realizan en momentos específicos a lo largo del día: al amanecer (fajr), al mediodía (dhuhr), a media tarde (asr), al atardecer (maghrib) y al anochecer (isha). La oración es un vínculo directo entre el adorador y Dios, y ofrece momentos de reflexión, gratitud y súplica. Cada oración implica posturas físicas específicas, como estar de pie, inclinarse y postrarse, que simbolizan la sumisión a Dios. La regularidad de la oración infunde disciplina y estructura, lo que garantiza que los musulmanes mantengan un enfoque espiritual durante todo el día.

El Zakat, el tercer pilar del Islam, es la práctica de la caridad. Obliga a los musulmanes a dar una parte fija de su riqueza, normalmente el 2,5% de sus ahorros, a los necesitados. El Zakat no es un mero acto de caridad, sino una obligación que purifica la riqueza y promueve la justicia social. Garantiza la redistribución de los recursos dentro de la comunidad, aliviando la pobreza y apoyando a los menos afortunados.

Al cumplir con este deber, los musulmanes reconocen que su riqueza es un encargo de Dios y que son responsables de ayudar a los demás.

El cuarto pilar es el Sawm, el ayuno durante el mes de Ramadán. El Ramadán es el noveno mes del calendario lunar islámico y se considera el mes más sagrado. Durante el Ramadán, los musulmanes ayunan desde el amanecer hasta el atardecer, absteniéndose de comida, bebida y otras necesidades físicas. El ayuno se rompe cada noche con una comida llamada Iftar. Sawm es un momento para la reflexión espiritual, una mayor devoción y la comunidad. Enseña autodisciplina, empatía por los hambrientos y gratitud por las provisiones de Dios. La comida antes del amanecer, Suhoor, y el Iftar de la tarde suelen ser eventos comunitarios, que fomentan un sentido de unidad y apoyo entre los musulmanes.

El quinto pilar del Islam es el Hajj, la peregrinación a La Meca. El Hajj es una obligación para todos los musulmanes que están física y económicamente en condiciones de realizarlo al menos una vez en su vida. Se realiza anualmente durante el mes islámico de Dhu al-Hijjah. La peregrinación implica una serie de rituales que se realizan durante varios días, incluyendo el Tawaf (dar la vuelta a la Kaaba), el Sa'i (caminar entre las colinas de Safa y Marwah) y permanecer de pie en las llanuras de Arafat en señal de súplica. El Hajj es un profundo viaje espiritual que simboliza la unidad de los musulmanes en todo el mundo y su sumisión a Dios. Conmemora las acciones del profeta Abraham y su familia, haciendo hincapié en temas de sacrificio, humildad y devoción.

Además de estos cinco pilares, existen otras prácticas y rituales importantes en el Islam. Una de ellas es la recitación y el estudio del Corán, el libro sagrado del Islam. Los musulmanes creen que el Corán es la palabra literal de Dios, revelada al profeta Mahoma a lo largo de 23 años. Recitar el Corán se considera una forma de adoración, y comprender sus enseñanzas es esencial para vivir una vida islámica. Muchos musulmanes se esfuerzan por leer el Corán a diario y reflexionar sobre sus significados, a menudo memorizando partes del mismo o el texto completo.

Otra práctica fundamental es la observancia del Yumu'ah, la oración comunitaria del viernes. El Yumu'ah se celebra todos los viernes al mediodía y es una oración comunitaria que incluye un sermón (khutbah) pronunciado por el imán. Es un momento en el que los musulmanes se reúnen, rezan juntos y escuchan la guía religiosa. La asistencia al Yumu'ah es obligatoria para los hombres musulmanes, mientras que se anima a las mujeres a asistir, pero pueden rezar en casa si así lo desean. Esta reunión semanal fortalece los lazos comunitarios y refuerza el culto colectivo.

Las prácticas islámicas también abarcan leyes alimentarias, como la prohibición de consumir carne de cerdo y alcohol. Halal, que significa permitido, define lo que los musulmanes pueden comer y beber, y estas leyes alimentarias se observan como actos de obediencia a Dios. La práctica de comer halal se extiende más allá de la comida e incluye el trato ético y humano a los animales.

La higiene personal y la pureza también son aspectos que se valoran en el Islam. Los musulmanes realizan la ablución (wudu) antes de las oraciones, que consiste en lavarse las manos, la cara y los pies. Este ritual de purificación simboliza la limpieza espiritual y la disposición para presentarse ante Dios. También existen pautas para la higiene personal, como el requisito de lavarse después de usar el baño y el énfasis en mantener un entorno de vida limpio.

Los rituales islámicos suelen marcar acontecimientos importantes de la vida, como el nacimiento, el matrimonio y la muerte. El nacimiento de un niño se celebra con la Aqiqah, una ceremonia que incluye el sacrificio de un animal y la distribución de su carne entre los pobres. El matrimonio es un contrato sagrado en el Islam, y la ceremonia nupcial (Nikah) incluye la recitación de versos coránicos y el intercambio de votos. Los ritos funerarios en el Islam incluyen el lavado y amortajamiento del cuerpo, la realización de una oración fúnebre especial (Salat al-Yanazah) y el entierro. Estos rituales enfatizan la santidad de la vida y la importancia del apoyo de la comunidad durante los momentos importantes.

En resumen, las prácticas y rituales islámicos son fundamentales para la vida del musulmán, ya que proporcionan un marco para el culto, la conducta ética y la participación en la comunidad. Los cinco pilares (Shahada, Salah, Zakat, Sawm y Hajj) forman la base de la práctica islámica y guían a los musulmanes en su vida diaria y su camino espiritual. Otras prácticas, como recitar el Corán, asistir a la oración comunitaria del viernes, observar las leyes dietéticas y mantener la higiene personal, enriquecen aún más la fe del musulmán y su adhesión a los principios islámicos. Comprender y adoptar estas prácticas es esencial para cualquier persona que esté considerando convertirse al Islam, ya que encarnan los valores y compromisos fundamentales de la fe.

Shahada - Declaración de fe

La Shahada, o Declaración de Fe, es el primer y más fundamental pilar del Islam. Es una declaración sencilla pero profunda que significa la entrada de una persona en la fe islámica y encapsula las creencias fundamentales del Islam. La Shahada dice: "Ashhadu alla ilaha illa Allah, wa ashhadu anna Muhammadur rasul Allah", que se traduce como "Doy testimonio de que no hay más dios que Alá, y doy testimonio de que Mahoma es el mensajero de Alá".

La Shahada no es una simple afirmación verbal, sino un compromiso profundo y personal con los principios del Islam. Es la declaración de la unicidad de Dios (Tawhid) y la aceptación de Mahoma como su último profeta. Este testimonio subraya la esencia monoteísta del Islam y la creencia en la naturaleza única e incomparable de Dios, que es el único creador y sustentador del universo.

La primera parte de la Shahada, "No hay más dios que Alá", afirma el monoteísmo absoluto que es central en la teología islámica. Afirma que Dios es uno, sin socios ni iguales, y rechaza cualquier forma de politeísmo o idolatría. Esta declaración no sólo reconoce la soberanía de Dios, sino que también implica una sumisión completa a Su voluntad. Al reconocer a Alá como la única deidad, el musulmán se compromete a adorarlo exclusivamente a Él y a seguir Su guía, tal como se revela en el Corán y a través de las enseñanzas del Profeta Muhammad.

La segunda parte de la Shahada, "Muhammad es el mensajero de Alá", afirma la creencia en Muhammad como el último profeta de una larga lista de mensajeros enviados por Dios para guiar a la humanidad. Este reconocimiento incluye la aceptación del Corán como la fuente última de guía divina y el seguimiento de la Sunnah, que comprende los dichos, acciones y aprobaciones del Profeta Muhammad. Al declarar a Muhammad como mensajero de Dios, el musulmán se compromete a seguir su ejemplo y sus enseñanzas en todos los aspectos de la vida.

La Shahada es la piedra angular de la fe y la práctica del musulmán. Es el primer paso para convertirse en musulmán y se recita con sinceridad y convicción. Para quienes se convierten al Islam, la recitación pública de la Shahada en presencia de testigos significa su aceptación oficial en la comunidad musulmana. Este acto es una profunda transformación espiritual, que marca el comienzo de una nueva vida guiada por los principios islámicos.

Más allá de su declaración inicial, la Shahada se recita regularmente en las oraciones diarias (Salah) y otros actos de adoración. Sirve como un recordatorio constante de las creencias fundamentales de un musulmán y su compromiso con Dios y Su profeta. La Shahada también juega un papel importante en el llamado musulmán a la oración (Adhan), que se anuncia desde las mezquitas cinco veces al día, invitando a los fieles a la oración y reforzando los principios centrales del Islam.

La Shahada no es sólo una declaración verbal, sino también un llamado a la acción. Exige a los musulmanes que vivan sus vidas de acuerdo con las enseñanzas islámicas, esforzándose por defender los valores de la justicia, la compasión y la integridad. Alienta la búsqueda del conocimiento, la realización de buenas obras y la evitación del pecado. La declaración de fe se convierte así en un principio rector que moldea los pensamientos, las acciones y las interacciones del musulmán con los demás.

Además de su importancia teológica, la Shahada tiene profundas implicaciones espirituales y sociales. Une a los musulmanes de todo el mundo en una creencia compartida y en un sentido de hermandad. Independientemente de las diferencias culturales, lingüísticas o geográficas, la Shahada crea un vínculo entre todos los musulmanes y fomenta una comunidad mundial de fe. Este sentido de unidad y solidaridad es un aspecto poderoso de la identidad islámica.

La Shahada también refleja la naturaleza inclusiva del Islam. Es un llamado universal que invita a todas las personas a reconocer la unicidad de Dios y la profecía de Mahoma. El Islam enseña que todos los profetas, incluidos Adán, Noé, Abraham, Moisés y Jesús, transmitieron el mismo mensaje esencial de monoteísmo y sumisión a Dios. Por lo tanto, la Shahada se considera una continuación y culminación de este mensaje divino, que llama a las personas a abrazar la revelación final traída por Mahoma.

Para los musulmanes, la Shahada es una fuente de paz interior y fortaleza. Proporciona claridad y propósito, anclando sus vidas en la adoración a Dios y en el seguimiento de Su guía. La recitación y reflexión continuas sobre la Shahada refuerzan la fe del musulmán y lo inspiran a vivir una vida de piedad y rectitud.

En resumen, la Shahada es la declaración fundacional de la fe islámica, que afirma la unicidad de Dios y la profecía de Mahoma. Es una declaración sencilla pero profunda que significa la entrada de una persona al Islam y sirve como un recordatorio constante de las creencias fundamentales de un musulmán. Más allá de su significado teológico, la Shahada tiene profundas implicaciones espirituales y sociales, uniendo a los musulmanes de todo el mundo en un compromiso compartido con Dios y Su mensajero. Es un principio rector que da forma a la vida de un musulmán, inspirándolo a vivir de acuerdo con las enseñanzas islámicas y fomentando un sentido de comunidad y hermandad global.

Purificación y oración (Salah)

La purificación y la oración (Salah) son componentes esenciales de la vida espiritual del musulmán y constituyen el segundo pilar del Islam. Estas prácticas sirven para establecer una conexión directa y personal con Dios, brindan estructura y disciplina a la vida diaria y refuerzan los principios básicos de la fe islámica.

La purificación, o Tahara, es un requisito previo para la oración y es de suma importancia en el Islam. Abarca tanto la limpieza física como la pureza espiritual. La purificación física implica prácticas como el wudu (ablución), el ghusl (lavado ritual de todo el cuerpo) y el tayammum (ablución seca), mientras que la purificación espiritual se refiere a la limpieza del corazón de los pecados y los rasgos dañinos.

El wudu es la forma más común de purificación y se realiza antes de cada una de las cinco oraciones diarias. Implica lavarse las manos, la boca, la nariz, la cara, los brazos, la cabeza y los pies en una secuencia específica. Este acto de lavado no solo garantiza la limpieza física, sino que también sirve como una purificación simbólica del alma, preparando al adorador para presentarse ante Dios en un estado de pureza. El wudu es una práctica consciente que lleva a la persona de lo mundano a lo sagrado, ayudándola a concentrarse en su oración y su intención.

El ghusl, o purificación de todo el cuerpo, es necesario en circunstancias específicas, como después de las relaciones maritales, la menstruación o el parto. Implica lavarse todo el cuerpo de manera minuciosa. También se recomienda el ghusl antes de la oración del viernes (Yumu'ah), las dos oraciones del Eid y antes de entrar en estado de ihram para el Hajj o la Umrah. Este lavado integral significa una purificación y renovación completas, asegurando que el adorador se acerque a estos importantes actos de adoración en un estado de limpieza total.

En situaciones en las que no hay agua disponible o su uso es perjudicial, se realiza el tayammum, o ablución seca, utilizando tierra limpia o arena. El adorador golpea sus manos sobre la tierra limpia y luego se limpia la cara y las manos. El tayammum subraya la flexibilidad del Islam y el énfasis en mantener la pureza, asegurando que la obligación de la oración pueda seguir cumpliéndose a pesar de las circunstancias difíciles.

La oración islámica, la Salah, se realiza cinco veces al día en los horarios prescritos: Fajr (amanecer), Dhuhr (mediodía), Asr (media tarde), Maghrib (atardecer) e Isha (atardecer). Estas oraciones son obligatorias para todos los musulmanes adultos y se realizan mirando hacia la Kaaba en La Meca. La regularidad de la oración estructura el día del musulmán, y sirve como un recordatorio constante de la presencia de Dios y de la importancia de mantener una conexión espiritual a lo largo de las actividades diarias.

Cada oración consiste en una serie de posturas físicas y recitaciones, comenzando con el Takbir (decir "Allahu Akbar", que significa "Dios es el Más Grande") e incluyendo estar de pie, inclinarse, postrarse y sentarse. La oración comienza con la intención (Niyyah) en el corazón, afirmando que la oración se realiza únicamente por la causa de Dios. Las acciones físicas de la oración están acompañadas por recitaciones específicas del Corán y súplicas, creando una mezcla armoniosa de cuerpo y espíritu en la adoración.

El capítulo inicial del Corán, Al-Fatiha, se recita en cada unidad de la oración, conocida como Rak'ah. Este capítulo es una súplica profunda de guía, misericordia y sustento, que refleja la dependencia del adorador de Dios. Se recitan versículos o capítulos coránicos adicionales, que varían con cada oración y enriquecen la experiencia espiritual. Las posturas de reverencia (Ruku) y postración (Suyud) expresan humildad y sumisión a Dios, y simbolizan el reconocimiento por parte del adorador de la grandeza de Dios y de su propia servidumbre.

La oración es más que un simple ritual: es un acto de devoción que fomenta la atención plena, la disciplina y un profundo sentido de espiritualidad. Los horarios prescritos para la oración garantizan que los musulmanes se desentiendan regularmente de las preocupaciones mundanas para centrarse en su relación con Dios. Esta participación regular en la oración infunde una sensación de paz y equilibrio, y ayuda a controlar el estrés y la ansiedad al afianzar a las personas en su fe.

El aspecto comunitario de la oración, en particular la Yumu'ah (la oración del viernes), también es importante. Se anima a los musulmanes a rezar en congregación, especialmente en las mezquitas, donde se fortalece el sentido de comunidad y hermandad. La oración del viernes incluye un sermón (Khutbah) pronunciado por el imán, que ofrece orientación espiritual y práctica. Esta reunión fomenta la unidad, ofrece una oportunidad para la reflexión comunitaria y refuerza los valores y enseñanzas compartidos del Islam.

Para los musulmanes, la disciplina de la oración se extiende más allá de los momentos de oración, influyendo en su comportamiento y actitud a lo largo del día. Los principios de puntualidad, humildad y atención plena que se cultivan a través de la oración se trasladan a todos los aspectos de la vida. La práctica de la oración también promueve la igualdad y la solidaridad, ya que los musulmanes de todos los orígenes se colocan hombro con hombro en la oración, lo que enfatiza la hermandad universal en el Islam.

Además de las oraciones obligatorias, también existen las oraciones voluntarias (Nafl) y las oraciones Sunnah que tienen un gran mérito espiritual. Estas oraciones adicionales brindan a los musulmanes la oportunidad de buscar la cercanía a Dios, expresar gratitud y pedir perdón y guía. Se realizan en distintos momentos del día y de la noche, lo que ofrece flexibilidad y enriquece aún más la rutina espiritual.

En resumen, la purificación y la oración (Salah) son fundamentales en la vida del musulmán, ya que proporcionan un marco para la adoración, el crecimiento espiritual y la conducta ética. La purificación, a través de prácticas como el wudu, el ghusl y el tayammum, garantiza la preparación física y espiritual para la oración. La oración, que se realiza cinco veces al día, es un acto disciplinado de devoción que fomenta una conexión profunda con Dios, inculca la atención plena y aporta equilibrio a la vida diaria. Los aspectos comunitarios e individuales de la oración enfatizan los valores de la unidad, la igualdad y el desarrollo espiritual continuo, lo que la convierte en una piedra angular de la fe islámica.

Ayuno (Diez)

El ayuno, conocido como Sawm en árabe, es el cuarto pilar del Islam y tiene un inmenso significado espiritual, físico y social para los musulmanes. Se observa principalmente durante el mes sagrado del Ramadán, el noveno mes del calendario lunar islámico, y se considera uno de los actos más profundos de adoración y devoción. El ayuno durante el Ramadán implica abstenerse de comer, beber, fumar y mantener relaciones maritales desde el amanecer (Fajr) hasta el atardecer (Maghrib). Sin embargo, Sawm no se limita a la abstención física; también abarca un mayor enfoque en el crecimiento espiritual, la autodisciplina, la empatía y la comunidad.

La celebración del Sawm durante el Ramadán conmemora la primera revelación del Corán al Profeta Muhammad por parte del ángel Gabriel. Esta revelación, que comenzó durante el mes de Ramadán, marca un momento de inmensa reflexión espiritual y renovación para los musulmanes. El ayuno se considera una forma de purificar el alma, cultivar el autocontrol y fomentar una conexión más profunda con Dios.

El ayuno diario comienza con una comida antes del amanecer llamada Suhoor. Los musulmanes se levantan temprano para comer e hidratarse antes de la oración del Fajr. El Suhoor se considera una comida bendita, ya que ayuda a la persona a mantenerse a lo largo del día y es recomendada por el Profeta Muhammad. Es un momento para establecer intenciones, donde los musulmanes hacen la Niyyah (intención) de ayunar por la causa de Dios, que es un componente crucial del Sawm. El ayuno se rompe luego al atardecer con la comida Iftar, que tradicionalmente comienza con la ingestión de dátiles y la bebida de agua, siguiendo la práctica del Profeta. Iftar es a menudo un evento comunitario, que reúne a familias y comunidades para compartir las bendiciones de romper el ayuno.

El ayuno durante el Ramadán no es simplemente un acto de abstención de necesidades físicas, sino una práctica integral que incluye la purificación espiritual y la rectitud moral. Se anima a los musulmanes a aumentar sus actos de adoración, como realizar oraciones adicionales (tarawih), recitar y reflexionar sobre el Corán, participar en el dhikr (recuerdo de Dios) y hacer dua (súplicas). Estos actos fomentan una relación más estrecha con Dios y ayudan a reforzar los objetivos espirituales del Ramadán.

El ayuno también hace hincapié en la conducta moral y el desarrollo del carácter. Se insta a los musulmanes a evitar conductas negativas como mentir, chismear y discutir. El ayuno sirve como recordatorio para practicar la paciencia, la humildad y la compasión, cultivando virtudes que se extienden más allá del Ramadán. Al ejercer la moderación y centrarse en acciones positivas, los musulmanes aspiran a purificar sus corazones y mentes, alineando su comportamiento con los valores islámicos.

Uno de los aspectos más profundos del ayuno es el desarrollo de la empatía y la solidaridad con los menos afortunados. Experimentar el hambre y la sed en primera persona permite a los musulmanes comprender mejor la difícil situación de los pobres y los hambrientos. Esta empatía a menudo se traduce en un aumento de las actividades caritativas durante el Ramadán. Se anima a los musulmanes a dar generosamente, especialmente a través del acto de Zakat al-Fitr, una forma de limosna asociada específicamente con el final del Ramadán. Esta caridad garantiza que los necesitados también puedan celebrar el final festivo del período de ayuno, Eid al-Fitr, con alegría y dignidad.

El ayuno también tiene importantes beneficios sociales y comunitarios. El Ramadán fomenta un fuerte sentido de comunidad, ya que los musulmanes se reúnen para las comidas del Suhur y del Iftar, realizan juntos las oraciones del Taraweeh y participan en eventos comunitarios. Esta observancia colectiva fortalece los vínculos dentro de la comunidad musulmana y refuerza los valores de unidad y hermandad. La experiencia compartida del ayuno y la adoración crea un profundo sentido de pertenencia y apoyo mutuo.

Si bien el ayuno durante el Ramadán es obligatorio para todos los musulmanes adultos, existen excepciones para quienes no pueden ayunar debido a una enfermedad, embarazo, lactancia, menstruación, viajes o edad avanzada. El Islam ofrece flexibilidad y compasión en estos casos, permitiendo a las personas recuperar los ayunos perdidos en un momento posterior o, si no pueden hacerlo, ofrecer fidya (una forma de compensación) alimentando a los pobres. Esto garantiza que los aspectos espirituales y comunitarios del Ramadán sean inclusivos y accesibles para todos.

Además del Ramadán, el ayuno también se practica en otros días importantes del calendario islámico y como actos voluntarios de adoración. Por ejemplo, el ayuno en el día de Arafah, el noveno día del mes islámico de Dhu al-Hijjah, es muy recomendable para quienes no son peregrinos y se cree que expía los pecados del año anterior y del año siguiente. Además, el profeta Mahoma recomendó el ayuno los lunes y jueves y los días 13, 14 y 15 de cada mes lunar, conocidos como los Días Blancos. Estos ayunos voluntarios brindan más oportunidades para el crecimiento espiritual y la disciplina.

También se han reconocido los beneficios del ayuno para la salud. Muchos estudios sugieren que el ayuno puede mejorar la salud metabólica, aumentar la claridad mental y promover la desintoxicación. La práctica fomenta la alimentación consciente y fomenta una mayor valoración del sustento y la nutrición. Sin embargo, la motivación principal del ayuno en el Islam es espiritual y ética, más que física.

En resumen, el ayuno (Sawm) es una práctica multifacética que abarca la abstención física, el crecimiento espiritual y la mejora moral. Se observa principalmente durante el mes de Ramadán, conmemora la revelación del Corán y sirve como un momento para que los musulmanes purifiquen sus almas, practiquen la autodisciplina y fomenten la empatía hacia los menos afortunados. Los aspectos comunitarios y sociales del Sawm fortalecen los vínculos dentro de la comunidad musulmana, mientras que el acto de ayunar en sí mismo promueve virtudes que se extienden más allá del período de ayuno. Ya sea durante el Ramadán o en otros días significativos, el Sawm es una expresión profunda de devoción, compasión y unidad en la fe islámica.

Caridad (Zakat)

La caridad, o Zakat, es el tercer pilar del Islam y representa un aspecto fundamental de la fe y la práctica del musulmán. Es un acto obligatorio de donación que tiene como objetivo purificar la riqueza y ayudar a los necesitados. El Zakat no es simplemente un acto de generosidad; es una obligación ordenada por Dios para garantizar la distribución justa de la riqueza y fomentar un sentido de justicia social y solidaridad dentro de la comunidad musulmana.

El término "Zakat" significa "purificación" y "crecimiento", lo que refleja su doble propósito de purificar la riqueza de las impurezas y fomentar el crecimiento espiritual y social. Al dar una parte de su riqueza a los necesitados, los musulmanes cumplen con su deber hacia Dios y ayudan a aliviar la pobreza y la desigualdad. La práctica del Zakat tiene sus raíces en el Corán y en las enseñanzas del Profeta Muhammad, quien destacó la importancia de las donaciones caritativas como medio para lograr la rectitud y mantener el equilibrio social.

La obligación de pagar el Zakat se basa en el principio de que toda la riqueza pertenece a Dios y los seres humanos son meros administradores de ella. Por ello, los musulmanes están obligados a dar un porcentaje fijo de su riqueza a los necesitados. La tasa estándar del Zakat es el 2,5% de los ahorros e inversiones acumulados por una persona durante al menos un año lunar. Este porcentaje se aplica a diversas formas de riqueza, entre ellas el dinero en efectivo, el oro, la plata, las acciones y otros activos.

Las categorías de beneficiarios elegibles para el Zakat están descritas en el Corán e incluyen:

1. **Pobres (Fuqara)** : personas que carecen de lo necesario y viven por debajo del umbral de pobreza. Necesitan asistencia financiera para cubrir sus necesidades diarias.
2. **Los necesitados (Masaakeen)** : aquellos que no son

indigentes pero que tienen dificultades para llegar a fin de mes. Necesitan ayuda para mejorar su situación económica.

3. **Recaudadores de Zakat (Amil)** : personas designadas para recaudar y distribuir el Zakat. Tienen derecho a una parte de los fondos del Zakat por sus esfuerzos en la gestión de este proceso de caridad.

4. **Aquellos cuyos corazones deben reconciliarse** : nuevos musulmanes o aquellos que se inclinan hacia el Islam y que pueden necesitar apoyo financiero para fortalecer su fe y compromiso.

5. **Endeudados (Gharimeen)** : personas que están agobiadas por deudas y no pueden pagarlas. Se puede utilizar el Zakat para ayudarlos a saldar sus deudas y recuperar la estabilidad financiera.

6. **En el camino de Dios (Fi Sabilillah)** : esta categoría incluye financiación para diversas formas de trabajo caritativo y actividades religiosas que benefician a la comunidad y promueven causas islámicas.

7. **El Viajero (Ibn as-Sabeel)** : Personas que están varadas o viajando y necesitan asistencia financiera para continuar su viaje o regresar a casa.

El proceso de dar el Zakat implica calcular la cantidad adeudada y distribuirla entre los destinatarios que reúnen los requisitos. Se anima a los musulmanes a dar el Zakat con sinceridad y sentido de la responsabilidad, asegurándose de que llegue a quienes realmente lo necesitan. También se recomienda dar el Zakat lo antes posible, en particular durante el mes sagrado del Ramadán, cuando el acto de dar conlleva recompensas espirituales adicionales.

Además del Zakat, existe otra forma de caridad voluntaria en el Islam conocida como Sadaqah. A diferencia del Zakat, la Sadaqah no es obligatoria y se puede dar en cualquier momento y por cualquier cantidad. Abarca una amplia gama de actos caritativos, incluidas las donaciones monetarias, la ayuda a los demás y la prestación de apoyo a los necesitados. La Sadaqah permite a los musulmanes ir más allá de los requisitos obligatorios del Zakat y realizar actos de bondad y generosidad en su vida diaria.

La práctica del Zakat y la Sadaqah cumple varios propósitos importantes en el Islam. En primer lugar, actúa como un medio para purificar la riqueza y reconocer que, en última instancia, es una bendición de Dios. Al dar una parte de su riqueza, los musulmanes expresan gratitud y mantienen la humildad. En segundo lugar, el Zakat promueve la justicia social al redistribuir la riqueza y abordar las disparidades económicas. Ayuda a garantizar que los recursos se compartan de manera más equitativa y que se satisfagan las necesidades de los menos afortunados.

Además, el Zakat fomenta un sentido de comunidad y solidaridad entre los musulmanes. El acto colectivo de dar fortalece los vínculos entre las personas y refuerza los valores de la compasión y el apoyo mutuo. También ayuda a generar un sentido de responsabilidad compartida por el bienestar de los demás y alienta a los musulmanes a contribuir positivamente a sus comunidades.

La administración y distribución del Zakat puede ser gestionada individualmente o a través de organizaciones benéficas organizadas. Muchos musulmanes optan por dar el Zakat a través de organizaciones benéficas establecidas que garantizan que los fondos se distribuyan de manera eficiente y eficaz a quienes los necesitan. Estas organizaciones suelen brindar transparencia y rendición de cuentas, lo que garantiza que los fondos del Zakat se utilicen adecuadamente y lleguen a los destinatarios previstos.

En resumen, el Zakat es un pilar vital del Islam que encarna los principios de la caridad, la purificación y la justicia social. Exige que los musulmanes den un porcentaje fijo de su riqueza a los necesitados, garantizando así una distribución justa de los recursos y fomentando un sentido de comunidad y solidaridad. Junto con el Zakat, la caridad voluntaria (Sadaqah) enriquece aún más la práctica de dar y destaca la importancia de la compasión y la generosidad en la vida cotidiana. Juntas, estas prácticas desempeñan un papel crucial en el mantenimiento de los valores éticos y espirituales del Islam y en la promoción de una sociedad más justa y equitativa.

Peregrinación (Hajj)

El Hajj es el quinto pilar del Islam y representa uno de los actos de adoración y devoción más profundos en la vida de un musulmán. Es una peregrinación a La Meca, la ciudad más sagrada del Islam, y se realiza anualmente durante el mes islámico de Dhu al-Hijjah. El Hajj es un deber religioso obligatorio para todo musulmán adulto que tenga la capacidad física y económica para realizarlo al menos una vez en su vida. La peregrinación tiene un profundo significado espiritual y sirve como culminación de la fe y la práctica islámicas.

Los rituales del Hajj están profundamente arraigados en las tradiciones del profeta Abraham (Ibrahim) y su familia. La peregrinación conmemora las acciones de Abraham, su esposa Agar (Hajar) y su hijo Ismael (Isma'il). Simboliza la fe y la sumisión a Dios demostradas por esta familia fundamental. Los ritos del Hajj incluyen varios rituales clave que deben realizarse en una secuencia y en un lugar específicos, cada uno de los cuales tiene un rico significado histórico y espiritual.

La peregrinación comienza con la fase de preparación, conocida como Ihram. Los peregrinos entran en el estado de Ihram al ponerse prendas especiales: blancas, sencillas y sin costuras para los hombres, y ropa modesta para las mujeres. El Ihram significa pureza e igualdad, ya que todos los peregrinos son iguales, dejando de lado las distinciones mundanas y concentrándose únicamente en su devoción a Dios. Los peregrinos hacen una declaración verbal (Talbiyah) afirmando su intención de realizar el Hajj y buscar la misericordia de Dios.

El primer ritual importante del Hajj es el Tawaf, el acto de circunvalar la Kaaba, la estructura sagrada en forma de cubo negro que se encuentra en el centro de la Masjid al-Haram en La Meca. Los peregrinos caminan alrededor de la Kaaba siete veces en sentido contrario a las agujas del reloj, lo que simboliza la unidad y la centralidad de Dios en la fe musulmana. El Tawaf se realiza al llegar a

La Meca y nuevamente al final de la peregrinación, lo que refuerza la conexión del peregrino con el santuario sagrado.

Después del Tawaf, los peregrinos realizan el Sa'i, que consiste en caminar siete veces entre las colinas de Safa y Marwah. Este ritual conmemora la búsqueda desesperada de Agar de agua para su hijo Ismael, lo que refleja su fe y perseverancia. El acto del Sa'i enfatiza la importancia de la confianza en Dios y las bendiciones que surgen de la firmeza en tiempos de prueba.

El octavo día de Dhu al-Hijjah, los peregrinos viajan a Mina, una pequeña ciudad cerca de La Meca, y pasan la noche en una gran ciudad de tiendas de campaña. Este día se conoce como Yawm al-Tarwiyah, o el Día de la Intención. Al día siguiente, los peregrinos se dirigen a la llanura de Arafat, donde permanecen de pie en ferviente súplica y reflexión desde el mediodía hasta el atardecer. Esta reunión en Arafat es el pináculo del Hajj y simboliza el Día del Juicio. El acto de permanecer de pie en Arafat (Wuquf) es un momento de profunda reflexión espiritual, oración y búsqueda del perdón de Dios.

Tras la puesta del sol del día de Arafat, los peregrinos se desplazan a Muzdalifah, donde recogen piedras para el ritual de Rami al-Jamarat. Muzdalifah es también un momento de oración y reflexión comunitaria al aire libre. La noche que se pasa en Muzdalifah refuerza el sentimiento de igualdad y unidad entre los peregrinos.

El décimo día de Dhu al-Hijjah, conocido como Eid al-Adha, los peregrinos realizan el ritual de Rami al-Jamarat, o la lapidación del diablo. Esto implica arrojar siete piedras a tres pilares de piedra, lo que simboliza el rechazo del mal y la tentación. A continuación, los peregrinos realizan el sacrificio ritual de un animal (normalmente una oveja, una cabra, una vaca o un camello) en conmemoración de la voluntad de Abraham de sacrificar a su hijo en obediencia a Dios. La carne del sacrificio se distribuye entre familiares, amigos y personas necesitadas, lo que refleja los valores de la generosidad y la caridad.

Después del sacrificio ritual, los peregrinos realizan el Tawaf al-Ifadah, una segunda circunvalación de la Kaaba, que significa la culminación de la peregrinación. Después, los peregrinos pueden afeitarse la cabeza (los hombres) o cortarse una pequeña parte del cabello (las mujeres) como signo de humildad y renovación. Este acto, conocido como Tahallul, simboliza el abandono de los apegos mundanos y el retorno del peregrino a un estado de pureza.

Los días restantes del Hajj se realizan rituales adicionales, incluida otra ronda de Tawaf, conocida como Tawaf al-Wada, que se realiza antes de abandonar La Meca. Los peregrinos también regresan a Mina para realizar más lapidaciones de los pilares durante los días siguientes, completando así el ciclo ritual.

El Hajj concluye con el regreso a La Meca para un último Tawaf y la celebración del Eid al-Adha. Toda la peregrinación sirve como una expresión profunda de fe, sumisión y unidad entre los musulmanes de todo el mundo. Ofrece una oportunidad única para la renovación espiritual, la reflexión personal y la profundización de la relación con Dios.

Además de su importancia espiritual, el Hajj fomenta un sentimiento de unidad musulmana global. Peregrinos de diversos orígenes culturales, étnicos y nacionales se reúnen, lo que refleja la universalidad del mensaje islámico y la igualdad de todos los creyentes ante Dios. Esta experiencia compartida refuerza el concepto de Ummah, la comunidad musulmana global, y destaca los lazos comunes que unen a los musulmanes de todo el mundo.

En resumen, el Hajj es un pilar central del Islam que abarca una serie de rituales profundamente significativos que se realizan en La Meca. La peregrinación simboliza la fe, la sumisión y la unidad y brinda una oportunidad para la renovación espiritual y la reflexión. A través de sus ritos (Ihram, Tawaf, Sa'i, permanecer en Arafat, la lapidación de los pilares y el sacrificio ritual), el Hajj conmemora el legado del profeta Abraham y su familia, al tiempo que refuerza los valores fundamentales del Islam. La peregrinación sirve como una poderosa expresión de devoción, igualdad y solidaridad musulmana global, lo que la convierte en una experiencia profunda y transformadora para quienes la emprenden.

Leyes dietéticas

Las leyes alimentarias del Islam, conocidas como Halal y Haram, son aspectos esenciales de la vida diaria del musulmán y establecen lo que está permitido y prohibido consumir. Estas leyes tienen su origen en el Corán y los hadices (dichos y prácticas del profeta Mahoma) y tienen como objetivo garantizar que los musulmanes consuman alimentos y bebidas puros, saludables y propicios para el bienestar físico y espiritual.

El término "halal" significa "permisible" o "lícito" y se refiere a todo lo que está permitido por la ley islámica. Por el contrario, "haram" significa "prohibido". Estas leyes alimentarias no sólo cubren los tipos de alimentos y bebidas que los musulmanes pueden consumir, sino también la forma en que se preparan y procesan los alimentos.

Uno de los aspectos más fundamentales de las leyes dietéticas islámicas es la prohibición de ciertos alimentos y bebidas. La más conocida de estas prohibiciones es el consumo de carne de cerdo y sus derivados. El Corán prohíbe explícitamente la carne de cerdo, considerándola impura. Esta prohibición se extiende a todas las formas de carne de cerdo, incluidos el tocino, el jamón y la manteca de cerdo.

Otra prohibición importante es el consumo de alcohol y otras sustancias intoxicantes. El Corán establece claramente que las sustancias intoxicantes son perjudiciales y deben evitarse, ya que alteran el juicio y dificultan la capacidad de la persona para cumplir con sus deberes religiosos. Esto incluye no solo las bebidas alcohólicas, sino también cualquier sustancia que cause intoxicación.

Además de estas prohibiciones específicas, el método de sacrificio de los animales para el consumo también está estrictamente regulado. Para que la carne se considere halal, debe proceder de un animal permitido y el sacrificio debe realizarse de acuerdo con la ley islámica, un proceso conocido como dhabihah. El animal debe estar sano y ser tratado humanamente antes del sacrificio. La persona que realiza el sacrificio debe ser musulmana y debe invocar el nombre de Dios (diciendo "Bismillah, Allahu Akbar") antes de realizar una incisión rápida y profunda en la garganta, cortando la tráquea, las venas yugulares y las arterias carótidas. Este método garantiza que la muerte del animal sea rápida y minimice el sufrimiento, y permite que la sangre drene del cuerpo, lo que también es un requisito, ya que está prohibido consumir sangre.

Además de estos principios fundamentales, existen otras pautas que los musulmanes siguen en relación con su dieta. Por ejemplo, cualquier alimento o bebida que contenga ingredientes derivados de fuentes haram también se considera haram. Esto incluye aditivos, saborizantes y colorantes derivados de fuentes no halal. Por lo tanto, los musulmanes deben estar atentos a la lectura de las etiquetas de ingredientes y asegurarse de que los productos que consumen tengan certificación halal.

El concepto de Tayyib, que significa "puro" o "saludable", también es un aspecto importante de las leyes dietéticas islámicas. Se anima a los musulmanes a consumir alimentos que no sólo sean halal, sino también nutritivos y beneficiosos para su salud. Este principio enfatiza la importancia de una dieta equilibrada y saludable, que incluya frutas, verduras, cereales y otros alimentos naturales que aporten nutrientes esenciales.

Durante el mes sagrado del Ramadán, los musulmanes ayunan desde el amanecer hasta el atardecer, absteniéndose de todo alimento y bebida durante las horas del día. La comida antes del amanecer (Suhur) y la comida para romper el ayuno (Iftar) son aspectos importantes de la experiencia del ayuno. Ambas comidas son ocasiones para la reunión y la reflexión comunitaria. El ayuno se rompe tradicionalmente con dátiles y agua, seguidos de una comida nutritiva. El ayuno durante el Ramadán refuerza los principios de la autodisciplina, la empatía por los menos afortunados y la gratitud por las provisiones de Dios.

Además de estas leyes alimentarias básicas, también existen diversas prácticas y tradiciones culturales relacionadas con la comida que difieren entre las comunidades musulmanas de todo el mundo. Si bien los principios fundamentales de Halal y Haram siguen siendo los mismos, los alimentos y las costumbres culinarias específicas pueden variar enormemente, lo que refleja la diversidad dentro de la Ummah (comunidad) musulmana. Estas prácticas culturales a menudo están influenciadas por los ingredientes regionales, los métodos de cocción y las interacciones históricas con otras culturas.

Además, la industria alimentaria mundial moderna plantea nuevos desafíos y oportunidades para la adhesión a las leyes alimentarias halal. La disponibilidad de productos con certificación halal ha aumentado significativamente, lo que facilita a los musulmanes encontrar alimentos permitidos en diversas partes del mundo. Las agencias de certificación halal desempeñan un papel crucial a la hora de verificar que los productos cumplen las normas dietéticas islámicas, lo que ofrece garantías a los consumidores. Sin embargo, los musulmanes deben seguir estando atentos para asegurarse de que los alimentos que consumen cumplan las normas halal, en particular cuando comen fuera de casa o compran alimentos procesados.

En resumen, las leyes alimentarias islámicas son directrices integrales que regulan lo que los musulmanes pueden y no pueden consumir, garantizando que su dieta se ajuste a su fe. Estas leyes enfatizan la importancia de consumir alimentos halal y tayyib, evitar productos prohibidos como la carne de cerdo y el alcohol, y adherirse a prácticas éticas y humanas en la preparación de alimentos. Al seguir estas leyes alimentarias, los musulmanes no solo cumplen con una obligación religiosa, sino que también promueven el bienestar físico y espiritual, lo que refleja la naturaleza holística del Islam. Los principios de halal y haram, junto con el énfasis en la alimentación sana y nutritiva, guían a los musulmanes a tomar decisiones alimentarias conscientes y éticas en su vida diaria.

Vestimenta y modestia

En el Islam, la vestimenta y la modestia son componentes integrales de la vida diaria del musulmán y reflejan valores espirituales y éticos más amplios. Las pautas de vestimenta y comportamiento, conocidas como hijab, están diseñadas para promover la modestia, la humildad y un sentido de dignidad. Estos principios tienen su raíz en el Corán y los hadices (enseñanzas y prácticas del Profeta Muhammad) y se aplican tanto a hombres como a mujeres, aunque las prácticas específicas pueden variar.

En el Islam, la modestia abarca más que la vestimenta; incluye la conducta, el habla y la conducta en general. El concepto de modestia (haya) es un principio moral integral que alienta a los musulmanes a vivir con humildad y respeto por sí mismos y por los demás. Se trata de fomentar una actitud de humildad y decencia, evitar la arrogancia y mantener una presencia respetuosa y honorable en la sociedad.

Para las mujeres, la modestia en la vestimenta generalmente implica cubrirse el cuerpo de una manera que no atraiga una atención indebida. Esto a menudo incluye usar ropa holgada que cubra todo el cuerpo, excepto la cara y las manos. El hijab, un pañuelo que cubre el cabello y el cuello, es una expresión común de este principio. Algunas mujeres también pueden optar por usar coberturas adicionales, como el niqab (un velo que cubre la cara) o la burka (una prenda que cubre todo el cuerpo), según las prácticas culturales y las convicciones personales.

El Corán proporciona pautas generales para la vestimenta de las mujeres en Surah An-Nur (24:31): "Y diles a las creyentes que bajen la vista y guarden sus partes privadas y no expongan sus adornos excepto lo que [necesariamente] se vean de ellos y que cubran sus pechos con una parte de sus velos y no expongan sus adornos excepto a sus esposos, sus padres, los suegros de sus esposos, sus hijos, los hijos de sus esposos, sus hermanos, los hijos de sus hermanos, los hijos de sus hermanas, sus mujeres, lo que poseen sus diestras, o aquellos asistentes masculinos que no tienen deseo sexual, o niños que aún no conocen los aspectos privados de las mujeres ". Este versículo enfatiza la importancia de cubrirse y el recato al tiempo que permite ciertas excepciones en presencia de familiares cercanos y aquellos que no representan un riesgo para su recato.

En el caso de los hombres, el pudor también implica llevar ropa holgada que cubra el cuerpo desde el ombligo hasta las rodillas como mínimo. Se anima a los hombres a evitar la ropa excesivamente ajustada o reveladora y a presentarse con dignidad. El Corán instruye a los hombres de manera similar en la Sura An-Nur (24:30): "Diles a los creyentes que bajen la mirada y guarden sus partes privadas. Eso es más puro para ellos. En verdad, Dios está bien informado de lo que hacen". Este versículo destaca la importancia de la conducta y la vestimenta modestas para los hombres, enfatizando los beneficios espirituales de mantener el pudor.

Más allá de las normas específicas sobre la vestimenta, la modestia en el Islam también abarca el comportamiento y la interacción con los demás. Se anima a los musulmanes a hablar con respeto, evitar la jactancia y comportarse con humildad. Esto incluye las interacciones entre hombres y mujeres, donde la modestia y el respeto deben guiar el comportamiento. El objetivo es crear una sociedad en la que las personas interactúen entre sí de una manera que mantenga la dignidad y fomente el respeto mutuo.

Si bien los principios básicos de la modestia son uniformes en todo el mundo musulmán, la expresión de estos principios puede variar ampliamente en función de factores culturales, regionales e individuales. En algunas culturas, prevalecen los estilos de vestimenta tradicionales que se alinean con los principios islámicos de la modestia, como la abaya en los países árabes, el salwar kameez en el sur de Asia o el baju kurung en el sudeste asiático. Estas prendas tradicionales suelen reflejar tanto la herencia religiosa como la cultural.

En los contextos contemporáneos, muchos musulmanes adaptan la moda moderna para alinearse con las pautas de modestia islámica. Esto ha dado lugar a la industria de la moda modesta, que ofrece una amplia gama de opciones de ropa elegantes y modestas tanto para hombres como para mujeres. Estas modas permiten a los musulmanes expresar su individualidad y estilo personal al tiempo que se adhieren a los principios de modestia. El auge de la moda modesta resalta la adaptabilidad de las pautas islámicas a diferentes contextos y preferencias personales.

En el Islam, la modestia no consiste en imponer uniformidad, sino en alentar a las personas a interiorizar y expresar sus valores de una manera que esté en consonancia con su fe. Se trata de tomar decisiones conscientes que reflejen el compromiso de cada uno con los principios del Islam, fomentando un entorno de respeto mutuo y dignidad.

Además de las decisiones personales, las normas islámicas sobre el pudor también tienen implicaciones sociales. Promueven una cultura de respeto y decencia, desalentando conductas y tendencias que pueden llevar a la corrupción moral o la explotación. Al enfatizar el pudor, el Islam busca proteger a los individuos y a la sociedad de las consecuencias negativas de la inmodestia, como la cosificación, el acoso y la decadencia moral.

Los críticos de las normas islámicas sobre vestimenta y modestia suelen considerarlas restrictivas u opresivas, en particular para las mujeres. Sin embargo, muchos musulmanes consideran que estas normas son empoderantes y proporcionan un marco para vivir una vida digna y respetuosa. Para muchas mujeres, llevar el hiyab u otras formas de vestimenta modesta es una elección personal que refleja su fe, su identidad y su compromiso con los valores islámicos. Es una fuente de empoderamiento y un medio para afirmar su capacidad de acción en una sociedad que a menudo juzga a las mujeres en función de su apariencia.

En resumen, la vestimenta y la modestia en el Islam son principios fundamentales que guían la conducta y la apariencia del musulmán. Estas pautas, basadas en el Corán y los hadices, enfatizan la importancia de la humildad, el respeto y la dignidad tanto para los hombres como para las mujeres. Si bien la expresión de estos principios puede variar ampliamente en diferentes culturas y contextos, los valores subyacentes permanecen constantes. La modestia en el Islam abarca más que solo la vestimenta; incluye el comportamiento, el habla y la conducta en general, fomentando un entorno de respeto mutuo e integridad moral. A través de estas pautas, el Islam busca proteger la dignidad de las personas y promover una sociedad justa y respetuosa.

Roles y relaciones de género

Los roles y las relaciones de género en el Islam se rigen por una combinación de textos religiosos, tradiciones culturales e interpretaciones contemporáneas. El Corán y los hadices proporcionan las directrices fundamentales para los roles y las responsabilidades de los hombres y las mujeres, haciendo hincapié en los principios de equidad, respeto mutuo y funciones complementarias. Estas directrices tienen como objetivo crear una sociedad equilibrada y armoniosa en la que ambos géneros puedan desarrollar su potencial y contribuir al bienestar de la comunidad.

En el Islam, los hombres y las mujeres son considerados iguales ante los ojos de Dios, y cada uno tiene derechos y responsabilidades específicos. El Corán afirma explícitamente que los hombres y las mujeres son creados de una sola alma y son compañeros en la fe y la vida. Esta igualdad espiritual es una piedra angular de las enseñanzas islámicas, que enfatizan que ambos sexos son responsables de sus acciones y serán juzgados por Dios en función de sus obras, no de su género.

En el Islam, los papeles de los hombres y las mujeres suelen describirse como complementarios, en lugar de idénticos. Esto significa que, si bien los hombres y las mujeres pueden tener papeles y responsabilidades diferentes, estos papeles tienen como objetivo trabajar juntos para apoyar a la familia y a la comunidad en general. La visión tradicional asigna a los hombres el papel de proveedores y protectores, responsables del mantenimiento financiero y la seguridad de la familia. Las mujeres, tradicionalmente, son consideradas las principales cuidadoras y cuidadoras, responsables de criar a los hijos y administrar el hogar.

El Corán describe estos roles en la Sura An-Nisa (4:34), al afirmar: "Los hombres son los protectores y sustentadores de las mujeres, porque Dios ha dado a uno más fuerza que a la otra, y porque las sostienen con sus medios". Este versículo enfatiza el deber de los hombres de proveer y proteger a sus familias, al tiempo que reconoce el papel complementario de las mujeres en la vida familiar. Sin embargo, es importante señalar que estos roles no son rígidos y pueden adaptarse en función de las circunstancias individuales y el acuerdo mutuo entre los cónyuges.

Los derechos de las mujeres en el Islam son amplios y fueron revolucionarios para su época. El Corán y los hadices otorgan a las mujeres el derecho a poseer propiedades, heredar, buscar educación y trabajar. Las mujeres tienen derecho a recibir apoyo financiero de sus maridos y tienen derecho a solicitar el divorcio si es necesario. El Profeta Muhammad enfatizó la importancia de tratar a las mujeres con amabilidad y respeto, al afirmar: "Los mejores de ustedes son aquellos que son mejores con sus esposas".

En el Islam, el matrimonio se considera una sociedad basada en el respeto mutuo, el amor y la compasión. Ambos cónyuges tienen derechos y deberes el uno hacia el otro, y su relación tiene como objetivo ser una fuente de tranquilidad y apoyo. El Corán describe esta relación en la Sura Ar-Rum (30:21): "Y entre Sus signos está el haberos creado cónyuges de entre vosotros para que encontréis en ellos tranquilidad, y haber puesto entre vosotros afecto y misericordia". Este versículo destaca el vínculo emocional y espiritual entre los cónyuges y la importancia del apoyo y la comprensión mutuos.

En la época contemporánea, la interpretación y aplicación de los roles de género en el Islam varía ampliamente entre las distintas culturas y comunidades. Algunos países de mayoría musulmana han logrado avances importantes en la promoción de la igualdad de género, y las mujeres participan en todos los aspectos de la vida pública y profesional. Las oportunidades educativas para las mujeres se han ampliado y ellas asumen cada vez más funciones de liderazgo en diversos sectores. En estos contextos, los roles de género tradicionales están evolucionando para reflejar las realidades modernas, en las que tanto los hombres como las mujeres comparten las responsabilidades familiares y laborales.

Sin embargo, en algunas culturas, las interpretaciones tradicionales de los roles de género siguen profundamente arraigadas, a menudo influidas por prácticas culturales más que por principios religiosos. En esos contextos, las mujeres pueden enfrentar restricciones a su movilidad, educación y participación en la vida pública. Es importante distinguir entre las prácticas culturales y las enseñanzas islámicas, ya que estas últimas abogan por la justicia, la equidad y el respeto por ambos géneros.

El feminismo islámico es un movimiento que busca reinterpretar los textos islámicos desde una perspectiva de equidad de género, desafiando las interpretaciones patriarcales y defendiendo los derechos de las mujeres dentro de un marco islámico. Las feministas islámicas sostienen que muchas prácticas restrictivas son culturales más que religiosas y que un retorno a los principios básicos del Corán y el Hadith puede contribuir a una mayor igualdad de género. Destacan la importancia de la educación y el compromiso crítico con los textos religiosos para empoderar a las mujeres y promover la justicia social.

En cuanto a las relaciones interpersonales, se hace hincapié en la modestia y la interacción respetuosa entre los géneros. Se anima a los hombres y a las mujeres a comportarse con dignidad y a evitar conductas que puedan dar lugar a relaciones inapropiadas o comprometer su integridad moral. El principio de modestia (haya) guía las interacciones, garantizando que ambos géneros mantengan una conducta respetuosa y profesional en entornos sociales y profesionales.

La familia se considera la piedra angular de la sociedad musulmana y se valoran mucho las relaciones familiares sólidas y saludables. El bienestar de la familia es una responsabilidad colectiva, en la que tanto el hombre como la mujer desempeñan un papel fundamental en la crianza y el apoyo de sus hijos. Los papeles de los padres se consideran complementarios, y ambos padres contribuyen al desarrollo moral y educativo de sus hijos.

En resumen, los roles y las relaciones de género en el Islam se basan en los principios de equidad, respeto mutuo y funciones complementarias. Si bien los hombres y las mujeres pueden tener diferentes responsabilidades, estas funciones tienen como objetivo apoyar a la familia y a la comunidad en su conjunto. Las enseñanzas islámicas otorgan a las mujeres amplios derechos y enfatizan la importancia de tratarlas con amabilidad y respeto. La interpretación y aplicación de los roles de género varían ampliamente entre culturas, y los movimientos contemporáneos como el feminismo islámico buscan promover la igualdad de género dentro de un marco islámico. La modestia y la interacción respetuosa entre los géneros son principios clave que guían las relaciones interpersonales, asegurando que tanto los hombres como las mujeres mantengan la dignidad y la integridad en sus interacciones.

Etiqueta y modales islámicos

La etiqueta y los modales islámicos, conocidos como *adab* , son aspectos esenciales de la vida del musulmán, que guían las interacciones con los demás, el comportamiento personal y la conducta en diversas situaciones. Estos principios están profundamente arraigados en las enseñanzas del Corán y el Hadith y enfatizan la importancia del respeto, la humildad, la amabilidad y la compasión en todos los aspectos de la vida. El *adab* no se trata solo del comportamiento externo, sino también del cultivo de un sentido interno de moralidad y decencia que refleje la propia fe.

Uno de los principios básicos de la etiqueta islámica es el respeto a los demás, lo que incluye mostrar amabilidad y consideración hacia las personas independientemente de su estatus, religión o antecedentes. El Corán alienta a los musulmanes a hablar con amabilidad y respeto, como en la Sura Al-Isra (17:53): "Y diles a Mis siervos que hablen lo mejor. En verdad, Satanás induce disensiones entre ellos. En verdad, Satanás es siempre, para los hombres, un enemigo claro". Este versículo destaca la importancia de usar el buen lenguaje para fomentar relaciones positivas y evitar conflictos.

El respeto se extiende a todas las áreas de la vida, incluyendo el trato a los padres, mayores y vecinos. El Corán y los hadices hacen mucho hincapié en los derechos de los padres, instando a los musulmanes a tratarlos con el máximo respeto y amabilidad. En la Surah Al-Isra (17:23), se afirma: "Y vuestro Señor ha decretado que no adoréis sino a Él, y que tratéis bien a vuestros padres. Si uno o ambos llegan a la vejez [mientras] estáis con vosotros, no les digáis [ni siquiera] 'uf', ni los rechacéis, sino dirigiéndoles una palabra noble". Esto pone de relieve el deber de cuidar y honrar a los padres, especialmente en su vejez.

Las costumbres islámicas también enfatizan la importancia de la honestidad y la integridad. Se anima a los musulmanes a ser veraces en sus palabras y acciones, ya que la mentira y el engaño se consideran pecados mayores. El Profeta Muhammad dijo: "La veracidad conduce a la rectitud, y la rectitud conduce al Paraíso. Un hombre continúa diciendo la verdad hasta que Alá lo registra como veraz. La falsedad conduce a la maldad, y la maldad conduce al Infierno. Un hombre puede continuar diciendo mentiras hasta que Alá lo registra como mentiroso" (Sahih Muslim). Este hadiz subraya la importancia de la veracidad como una virtud clave en el Islam.

La generosidad y la caridad también son componentes centrales de las costumbres islámicas. Se anima a los musulmanes a ser generosos con su riqueza, tiempo y recursos, ayudando a los necesitados y contribuyendo al bienestar de la comunidad. El Profeta Muhammad dijo: "La sombra del creyente en el Día de la Resurrección será su caridad" (Tirmidhi). Esta enseñanza refleja la idea de que los actos de bondad y generosidad son muy valorados en el Islam y contribuyen al desarrollo espiritual y moral de la persona.

La hospitalidad es otro aspecto importante de la etiqueta islámica. El Corán y los hadices alientan a los musulmanes a ser hospitalarios y a tratar a sus invitados con amabilidad y respeto. El profeta Mahoma dijo: "Quien crea en Alá y en el Último Día, debe honrar a su invitado" (Sahih Bukhari). Esta tradición de hospitalidad está profundamente arraigada en las culturas musulmanas, donde acoger a los invitados y satisfacer sus necesidades se considera un deber y una fuente de bendiciones.

Las costumbres islámicas también guían el comportamiento en las interacciones sociales. Se anima a los musulmanes a saludarse con la palabra "As-Salamu Alaikum" (La paz sea contigo). Este saludo no es sólo una forma de cortesía sino también una oración por el bienestar de la otra persona. Responder con "Wa Alaikum As-Salam" (Y la paz sea contigo) completa el intercambio y refuerza el respeto mutuo y la buena voluntad.

Además de las interacciones sociales, el Islam ofrece pautas específicas sobre los modales en diversas situaciones, como comer, visitar a otras personas y la conducta en público. Por ejemplo, al comer, a los musulmanes se les enseña a comenzar con el nombre de Alá diciendo "Bismillah" (En el nombre de Dios), comer con la mano derecha y evitar el derroche. El Profeta Muhammad dijo: "El hijo de Adán no llena ningún recipiente peor que su estómago. Es suficiente que el hijo de Adán coma unos pocos bocados para mantenerse. Si debe hacer eso, que llene un tercio con comida, un tercio con bebida y un tercio con aire" (Tirmidhi). Este hadiz enfatiza la moderación y la atención plena al comer.

Al visitar a otras personas, se anima a los musulmanes a pedir permiso antes de entrar en la casa de alguien, llamar a la puerta y esperar a que les inviten a entrar. El Corán aconseja en la Sura An-Nur (24:27): "¡Oh, creyentes! No entréis en otras casas que no sean las vuestras hasta que os aseguréis de que os reciben y saludáis a sus moradores. Eso es lo mejor para vosotros; tal vez os acuerdéis de ello". Este versículo destaca la importancia de respetar la privacidad de los demás y ser cortés en las interacciones sociales.

En la conducta pública, las costumbres islámicas enfatizan la humildad, la modestia y la consideración hacia los demás. Se anima a los musulmanes a evitar la arrogancia y el orgullo, a bajar la mirada en las interacciones con el sexo opuesto y a vestir modestamente. El Corán instruye tanto a los hombres como a las mujeres a observar modestia en su vestimenta y comportamiento, como se ve en la Sura An-Nur (24:30-31), que instruye a los hombres a bajar la mirada y cuidar su modestia y a las mujeres a cubrirse apropiadamente.

Además, la limpieza y la higiene personal son aspectos importantes de la etiqueta islámica. Se anima a los musulmanes a mantener la limpieza en su cuerpo, su ropa y su entorno. El Profeta Muhammad dijo: "La limpieza es la mitad de la fe" (Sahih Muslim). Este dicho refleja la importancia de la limpieza en el Islam, tanto en sentido físico como espiritual.

En el Islam también se hace hincapié en los buenos modales en la comunicación. Se anima a los musulmanes a evitar la calumnia, la difamación y el chisme, ya que estas conductas son perjudiciales y pueden conducir a la discordia. El Corán advierte contra este tipo de conducta en la Sura Al-Hujurat (49:12): "¡Oh, creyentes! Eviten las suposiciones negativas, porque algunas suposiciones son pecado. Y no se espíen ni se calumnien unos a otros. ¿Acaso alguno de ustedes desearía comer la carne de su hermano muerto? Lo aborrecerían. Y teman a Dios, porque Dios es Compasivo, Misericordioso". Este versículo destaca la gravedad de las calumnias y alienta a los musulmanes a participar en una comunicación positiva y constructiva.

En resumen, la etiqueta y los modales islámicos abarcan una amplia gama de comportamientos e interacciones, guiados por los principios de respeto, amabilidad, honestidad y humildad. Estas pautas, arraigadas en las enseñanzas del Corán y el Hadith, tienen como objetivo cultivar un carácter moral y ético que refleje la fe de cada uno y contribuya a una sociedad justa y armoniosa. Ya sea en las interacciones sociales, el comportamiento personal o la conducta pública, se anima a los musulmanes a encarnar los valores del Islam a través de sus modales, asegurando que sus acciones se alineen con los principios de decencia, respeto y compasión.

Vida familiar

La vida familiar ocupa un lugar central en el Islam, ya que se considera la piedra angular de una sociedad estable y armoniosa. La unidad familiar, a menudo considerada como la base de la sociedad musulmana, es donde los individuos aprenden los valores, la moral y la ética que moldean su carácter y conducta. Las enseñanzas islámicas proporcionan pautas integrales para establecer y mantener una familia fuerte y saludable, haciendo hincapié en el amor, el respeto, la responsabilidad mutua y el crecimiento espiritual.

El Corán y los hadices establecen funciones y responsabilidades específicas para cada miembro de la familia, garantizando que esta funcione como una unidad cohesionada y solidaria. Estas funciones se consideran complementarias y cada miembro contribuye al bienestar y desarrollo de la familia. El objetivo de la vida familiar en el Islam no es sólo satisfacer las necesidades físicas y emocionales, sino también crear un entorno que fomente el crecimiento espiritual y fomente una conexión profunda con Dios.

El matrimonio es la base de la vida familiar en el Islam. Se considera un contrato sagrado entre un hombre y una mujer, cuyo fin es proporcionar compañía, amor y apoyo mutuo. El Corán describe el matrimonio como una fuente de tranquilidad y misericordia, como se afirma en la Sura Ar-Rum (30:21): "Y entre Sus signos está el haberos creado cónyuges de entre vosotros mismos para que encontréis en ellos tranquilidad, y haber puesto entre vosotros afecto y misericordia. Ciertamente en ello hay signos para gente que reflexiona". Este versículo destaca el vínculo emocional y espiritual que el matrimonio pretende fomentar, haciendo hincapié en el amor, la compasión y el respeto mutuo.

En la tradición islámica, los roles de marido y mujer están claramente definidos, pero son flexibles, lo que permite un acuerdo mutuo y una adaptación en función de las circunstancias individuales.

El marido suele ser visto como el proveedor y protector de la familia, responsable de asegurar el bienestar económico y físico de su esposa e hijos. El Corán instruye a los hombres en la Sura An-Nisa (4:34): "Los hombres son los protectores y sustentadores de las mujeres, porque Dios ha dado a uno más (fuerza) que a la otra, y porque las sostienen con sus medios". Este versículo enfatiza el deber de los hombres de cuidar y proteger a sus familias.

Tradicionalmente, se considera a la esposa como la cuidadora y cuidadora principal, responsable de crear un ambiente hogareño de amor y apoyo. Sin embargo, el Islam también reconoce la importancia de los derechos y la autonomía de las mujeres. Se anima a las mujeres a buscar educación, seguir una carrera y participar en la vida pública, siempre que mantengan sus responsabilidades familiares y se adhieran a los principios islámicos de modestia y conducta. El Profeta Muhammad enfatizó la importancia de tratar a las mujeres con amabilidad y respeto, al afirmar: "Los mejores de ustedes son aquellos que son mejores con sus esposas" (Sunan al-Tirmidhi).

En el Islam, la relación entre marido y mujer se basa en el respeto mutuo, el amor y la cooperación. Se espera que ambos miembros de la pareja se consulten entre sí en cuestiones familiares, se apoyen mutuamente en su crecimiento personal y espiritual y compartan responsabilidades para asegurar el bienestar de la familia. El Corán fomenta esta relación en la Sura Al-Baqarah (2:187), donde describe a los cónyuges como "vestimentas" el uno para el otro, que simbolizan la protección mutua, el consuelo y la intimidad.

En el Islam, los hijos ocupan un lugar especial en la familia. Se los considera una bendición y un encargo de Dios, y los padres tienen la responsabilidad de criarlos con amor, cuidado y una sólida base moral. El Corán enfatiza la importancia de una buena crianza en la Sura At-Tahrim (66:6): "¡Oh, creyentes! Protéjanse a sí mismos y a sus familias del Fuego cuyo combustible son hombres y piedras". Este versículo subraya el deber de los padres de guiar a sus hijos en cuestiones de fe y moralidad, asegurándose de que crezcan con un fuerte sentido del bien y del mal.

El Profeta Muhammad también destacó la importancia de mostrar bondad y compasión hacia los niños. Se dice que dijo: "No es uno de nosotros quien no muestra misericordia hacia nuestros pequeños y respeto hacia nuestros mayores" (Sunan al-Tirmidhi). Este hadiz enfatiza la importancia de un entorno enriquecedor y amoroso en el que los niños puedan prosperar.

Las enseñanzas islámicas subrayan la importancia de la educación de los niños, tanto en lo que respecta a los conocimientos religiosos como a los mundanos. Se anima a los padres a que enseñen a sus hijos el Islam, incluido el Corán, la vida del profeta Mahoma y los principios básicos de la creencia y la práctica islámicas. La educación se considera un medio para capacitar a los niños para que desarrollen su potencial y contribuyan positivamente a la sociedad. El profeta Mahoma dijo: "Buscar el conocimiento es una obligación de todo musulmán" (Sunan Ibn Majah), destacando la importancia del aprendizaje permanente para todos los musulmanes.

Además de la educación, a los niños también se les enseña la importancia del respeto a sus padres y mayores. El Corán ordena a los niños ser respetuosos con sus padres, especialmente a medida que envejecen, en la Sura Al-Isra (17:23): "Tu Señor ha decretado que no adoréis sino a Él, y que seáis buenos con vuestros padres. Si uno o ambos llegan a la vejez mientras están con vosotros, no les digáis ni siquiera: "¡Uf!", ni los rechacéis, sino dirigiéndoles una palabra amable". Este versículo enfatiza la importancia de tratar a los padres con amabilidad y respeto, reconociendo sus sacrificios y esfuerzos en la crianza de sus hijos.

La familia extensa también desempeña un papel importante en la vida familiar islámica. El Islam fomenta el mantenimiento de vínculos fuertes con los parientes, incluidos los abuelos, las tías, los tíos y los primos. Se hace mucho hincapié en el concepto de *silat ar-rahim*, o el mantenimiento de los lazos familiares, ya que fortalece los lazos sociales y crea un sentido de comunidad y apoyo mutuo. El Profeta Muhammad dijo: "Quien crea en Alá y en el Último Día, que mantenga los lazos de parentesco" (Sahih Bukhari). Esta enseñanza subraya la importancia de la unidad familiar y la obligación de apoyar y cuidar a los familiares.

En resumen, la vida familiar en el Islam se centra en los principios del amor, el respeto, la responsabilidad mutua y el crecimiento espiritual. El matrimonio es la base de la familia y proporciona un marco para el compañerismo y el apoyo mutuo. Los roles de marido, mujer e hijos están claramente definidos, pero permiten flexibilidad y adaptación en función de las circunstancias individuales. Los hijos son considerados una bendición y un encargo de Dios, y los padres son los encargados de su educación moral y espiritual. La familia extensa desempeña un papel crucial en el mantenimiento de los vínculos sociales y la prestación de apoyo. A través de estas enseñanzas, el Islam busca crear familias fuertes y saludables que contribuyan a una sociedad justa y armoniosa.

El matrimonio en el Islam

En el Islam, el matrimonio se considera un pacto sagrado, un vínculo solemne y bendito que une a dos personas en una sociedad diseñada para brindarse compañía, amor y apoyo mutuo. No es un simple contrato social, sino una unión espiritual que satisface las necesidades físicas y emocionales, al tiempo que sirve como base para construir una familia fuerte y estable y una sociedad cohesionada.

El Corán y los hadices brindan una orientación clara sobre la importancia y la naturaleza del matrimonio, enfatizando que es un aspecto fundamental de la vida humana. El Corán describe el matrimonio como una fuente de tranquilidad, amor y misericordia, destacando la profunda conexión emocional y espiritual que debe existir entre los cónyuges. En la Sura Ar-Rum (30:21), se afirma: "Y entre Sus signos está el haberos creado cónyuges de entre vosotros mismos para que encontréis en ellos tranquilidad, y haber puesto entre vosotros afecto y misericordia. Ciertamente en ello hay signos para gente que reflexiona". Este versículo resume la esencia del matrimonio en el Islam: una relación basada en el afecto mutuo, la misericordia y la paz.

El matrimonio también se considera un acto de adoración en el Islam. Al casarse, las personas siguen la Sunnah (tradición) del Profeta Muhammad, quien estuvo casado y alentó a sus seguidores a casarse como un medio para satisfacer sus deseos naturales de una manera legal y moral. El Profeta Muhammad dijo: "El matrimonio es mi Sunnah. Quien se aparte de él no es de los míos" (Sahih Bukhari). Este hadiz subraya la importancia del matrimonio como parte integral de la vida de un musulmán, reflejando la obediencia a los mandamientos de Dios y la adhesión a las enseñanzas del Profeta.

En el Islam, los roles y responsabilidades dentro de un matrimonio están definidos para asegurar una relación equilibrada y armoniosa. El marido es visto típicamente como el proveedor y protector de la familia, responsable del bienestar financiero y físico de su esposa e hijos. Se espera que trate a su esposa con amabilidad, respeto y justicia. El Corán instruye a los hombres en la Surah An-Nisa (4:19): "¡Oh, creyentes! No os es lícito heredar mujeres por obligación. Y no les compliqueis la vida para recuperar parte de lo que les habéis dado, a menos que cometan una inmoralidad manifiesta. Y vivid con ellas en bondad". Este versículo enfatiza la importancia del respeto mutuo y la amabilidad en el matrimonio, condenando cualquier forma de opresión o maltrato.

Tradicionalmente, se considera a la esposa como la principal cuidadora y cuidadora de la familia. Es responsable de crear un ambiente familiar de amor y apoyo y de criar a los hijos. Sin embargo, el Islam también reconoce los derechos y la autonomía de las mujeres. Se anima a las mujeres a buscar educación, seguir una carrera y participar en la vida pública, siempre que mantengan sus responsabilidades familiares y se adhieran a los principios islámicos. El profeta Mahoma enfatizó la importancia de tratar a las mujeres con cuidado y respeto, al afirmar: "Los mejores de ustedes son aquellos que son mejores con sus esposas" (Sunan al-Tirmidhi). Esta enseñanza refuerza la idea de que un matrimonio exitoso se basa en el cuidado, el respeto y la comprensión mutuos.

Uno de los aspectos singulares del matrimonio en el Islam es el concepto de *mahr*, un regalo obligatorio que el novio le da a la novia en el momento del matrimonio. El *mahr* es un símbolo del compromiso y la responsabilidad del novio hacia su esposa. Es su derecho exclusivo y ella puede usarlo como desee. El Corán lo ordena en la Sura An-Nisa (4:4): "Y dad a las mujeres [en el matrimonio] sus regalos [de boda] generosamente. Pero si ellas os dan voluntariamente algo de ello, entonces tómalo con satisfacción y tranquilidad". El *mahr* subraya la independencia financiera y los derechos de la esposa dentro del matrimonio.

El consentimiento es un componente crucial del matrimonio islámico. Tanto la novia como el novio deben estar de acuerdo voluntariamente con el matrimonio, y cualquier forma de coerción o compulsión está estrictamente prohibida. El Profeta Muhammad enfatizó la importancia de buscar el consentimiento de la mujer, al afirmar: "Una mujer que ha estado casada anteriormente tiene más derecho sobre su persona que su tutor, y se debe buscar el consentimiento de una virgen en lo que respecta a ella" (Sahih Muslim). Este hadiz resalta la autonomía y la capacidad de decisión de las mujeres a la hora de elegir a su compañero de vida.

En el Islam, el matrimonio también es una cuestión de colaboración y consulta. Se anima a los cónyuges a tomar decisiones juntos, apoyarse mutuamente en su crecimiento personal y espiritual y compartir responsabilidades para asegurar el bienestar de la familia. El Corán aboga por la consulta entre los cónyuges en la Surah Al-Baqarah (2:233): "Y si ambos desean destetar por consentimiento mutuo y consulta, no hay culpa para ninguno de los dos". Este versículo ilustra la importancia de la cooperación y el acuerdo mutuo en asuntos familiares, promoviendo un sentido de colaboración y responsabilidad compartida.

El divorcio, aunque está permitido en el Islam, se considera un último recurso y no se recomienda a menos que se hayan agotado todos los esfuerzos para lograr la reconciliación. El Corán proporciona una guía detallada sobre el proceso de divorcio para garantizar que se lleve a cabo con equidad y respeto. En la Sura An-Nisa (4:35), se afirma: "Y si teméis que haya disensión entre ambos, enviad un árbitro de su pueblo y un árbitro de su pueblo. Si ambos desean la reconciliación, Dios la hará posible. En verdad, Dios es omnisciente y está informado de todas las cosas". Este versículo enfatiza la importancia de buscar la reconciliación y la participación de los miembros de la familia para mediar y resolver los conflictos antes de considerar el divorcio.

En resumen, el matrimonio en el Islam es una institución sagrada y significativa, diseñada para satisfacer las necesidades emocionales, físicas y espirituales, al tiempo que proporciona una base para una vida familiar estable y armoniosa. Se basa en los principios del respeto mutuo, el amor, la colaboración y la consulta. Los roles y las responsabilidades de los esposos son complementarios, lo que garantiza una relación equilibrada y de apoyo. El matrimonio se considera un acto de adoración y un reflejo de la obediencia a los mandamientos de Dios, en el que ambos cónyuges trabajan juntos para crear una unión amorosa, pacífica y espiritualmente satisfactoria.

Estudios avanzados del Corán

Los estudios avanzados del Corán implican una exploración profunda y sistemática de su texto, sus temas, sus interpretaciones y las ciencias asociadas con su comprensión. Estos estudios van más allá de la lectura y la memorización básicas, y profundizan en las complejidades de las dimensiones lingüísticas, teológicas, jurídicas y espirituales del Corán. Tanto para los musulmanes como para los eruditos, el Corán no es sólo una escritura religiosa; es una guía completa para la vida, una fuente de sabiduría divina y un texto que exige compromiso intelectual y reflexión.

El primer paso en los estudios coránicos avanzados es a menudo el estudio del *Tajweed* , las reglas de la pronunciación y recitación correctas del Corán. El Tajweed garantiza que el Corán se recite correctamente, preservando la pronunciación y el ritmo exactos que le reveló el profeta Mahoma. El dominio del Tajweed es crucial porque los significados del Corán pueden cambiar según la pronunciación. Por lo tanto, los estudiantes avanzados dedican un tiempo considerable a perfeccionar su recitación bajo la guía de maestros experimentados.

Un estudio más profundo del Corán implica el estudio del *Tafsir* , o exégesis coránica. El Tafsir es la interpretación y explicación académica del Corán. Implica comprender el contexto en el que se revelaron los versículos (*Asbab al-Nuzul*), los matices lingüísticos, los significados pretendidos y cómo se relacionan los versículos entre sí y con las enseñanzas islámicas más amplias. La literatura clásica del Tafsir, como las obras de Ibn Kathir, Al-Tabari y Al-Qurtubi, son textos fundamentales en este campo. Estos eruditos proporcionaron comentarios extensos sobre el Corán, basándose en el Hadith, los dichos del profeta Mahoma y las ideas de los compañeros del Profeta.

Los estudios modernos del tafsir suelen abordar cuestiones contemporáneas y examinan cómo las enseñanzas atemporales del Corán pueden aplicarse a los desafíos modernos. Los académicos también pueden comparar las interpretaciones clásicas con las interpretaciones contemporáneas, buscando equilibrar la tradición con la relevancia. Este proceso implica *el ijtihad* (razonamiento independiente), en el que los académicos realizan interpretaciones informadas que tienen en cuenta los contextos cambiantes de la sociedad y, al mismo tiempo, se mantienen fieles a los principios básicos del Islam.

Otro campo crítico en los estudios coránicos avanzados es *el Ulum al-Qur'an* , las ciencias del Corán. Abarca varias disciplinas, incluido el estudio de la compilación del Corán, su estructura, los diferentes modos de recitación (*Qira'at*) y la preservación de su texto. Una de las ciencias clave es el estudio del *Nasikh wa Mansukh* , el concepto de abrogación en el Corán, según el cual se entiende que ciertos versículos han sido reemplazados por revelaciones posteriores. Comprender este concepto es crucial para que los eruditos interpreten el Corán con precisión en cuestiones legales y éticas.

El estudio lingüístico del Corán, conocido como *Balagha* (retórica), es otro campo avanzado que profundiza en la elocuencia, el estilo y los aspectos literarios del Corán. El lenguaje del Corán se considera inimitable, y sus recursos retóricos, incluidas las metáforas, los símiles y las alegorías, transmiten significados profundos y evocan imágenes poderosas. Los estudiantes avanzados del Corán analizan estas características lingüísticas para descubrir las capas de significado y apreciar la belleza literaria del Corán. Este estudio a menudo requiere conocimientos de árabe clásico, ya que el lenguaje del Corán es único y difiere de los dialectos modernos.

El estudio del *Fiqh al-Qur'an* , o jurisprudencia coránica, es esencial para quienes se interesan por la ley islámica. El Corán es la fuente principal de la Sharia, y comprender sus versículos legales es fundamental para desarrollar un marco legal integral. Los académicos de este campo analizan los mandatos, preceptos y prohibiciones del Corán, teniendo en cuenta los principios de *Maqasid al-Shariah* (los objetivos de la ley islámica, que incluyen la protección de la fe, la vida, el intelecto, el linaje y la propiedad). Este campo requiere una comprensión profunda tanto del Corán como del Hadith, así como la capacidad de aplicar estas fuentes a cuestiones jurídicas contemporáneas.

Los estudios coránicos avanzados también implican la exploración de las enseñanzas éticas y espirituales del Corán. El Corán se dirige al alma humana, ofreciendo orientación sobre el comportamiento moral, el desarrollo personal y el camino hacia la iluminación espiritual. Los académicos y estudiantes pueden participar en la *Tazkiyah* (purificación espiritual) y *el Ihsan* (excelencia en el culto), reflexionando sobre las enseñanzas del Corán para lograr una conexión más profunda con Dios. Los versículos del Corán sobre la paciencia, la gratitud, la humildad y la confianza en Dios se estudian no solo por sus implicaciones teóricas sino también por su aplicación práctica en la vida diaria.

El estudio de *los milagros coránicos* (I'jaz al-Qur'an) es otra área fascinante, que explora las diversas formas de milagros en el Corán, incluida su inimitabilidad lingüística, sus conocimientos científicos y sus predicciones de eventos futuros. Los académicos analizan cómo el Corán, revelado hace más de 1.400 años, aborda fenómenos naturales, cuestiones sociales y dilemas éticos de maneras que siguen resonando en el pensamiento científico y filosófico moderno. Este campo a menudo implica investigación interdisciplinaria, que se basa en la ciencia, la historia y la teología.

Además de estas áreas, los estudios coránicos avanzados suelen incluir estudios comparativos, en los que los académicos examinan cómo el Corán interactúa con otros textos religiosos, como la Biblia y la Torá, y en qué se diferencia de ellos. Este enfoque comparativo ayuda a comprender las características únicas del Corán y su mensaje universal, al tiempo que fomenta el diálogo y la comprensión interreligiosa.

Por último, los estudiantes avanzados del Corán se dedican a *la Tahqiq* (edición crítica y verificación de manuscritos clásicos). Esta actividad académica implica asegurarse de que el Corán y los textos relacionados se hayan transmitido con precisión a lo largo de las generaciones. Requiere un examen meticuloso de los manuscritos antiguos, cotejándolos con las copias existentes y resolviendo cualquier variación textual.

En resumen, los estudios avanzados del Corán son una tarea integral y multifacética que abarca el estudio de la recitación, la exégesis, el análisis lingüístico, la jurisprudencia, la ética, la espiritualidad y más. Estos estudios tienen como objetivo no sólo profundizar la comprensión del Corán, sino también aplicar sus enseñanzas en la vida personal y contribuir a la tradición intelectual islámica más amplia. Para quienes realizan estos estudios avanzados, el Corán se convierte no sólo en un texto para leer, sino en un compañero y guía para toda la vida, que ofrece sabiduría y orientación en todos los aspectos de la vida.

Estudios de hadices

Los estudios sobre los hadices son un aspecto crucial de la erudición islámica, y se centran en los dichos, las acciones y las aprobaciones del profeta Mahoma. Estos relatos, conocidos como *hadices* , ocupan el segundo lugar en importancia dentro de la tradición islámica, después del Corán. Proporcionan contexto, aclaración y aplicación práctica de las enseñanzas del Corán, dando forma a la ley islámica, la ética y las prácticas diarias.

El estudio de los hadices implica un análisis exhaustivo de diversos aspectos de estos relatos, incluida su autenticidad, cadena de transmisión y contenido. Este campo de estudio es esencial para comprender el alcance completo de las enseñanzas islámicas y garantizar que las interpretaciones de la guía del Profeta sean precisas y fiables.

Uno de los elementos fundamentales de los estudios sobre los hadices es la clasificación de los mismos en categorías basadas en su autenticidad. Los eruditos han desarrollado una ciencia rigurosa para evaluar la fiabilidad de los hadices, que incluye el examen de la cadena de narradores (*isnad*) y del texto mismo (*matn*). Se examina la cadena de narradores para garantizar que cada individuo de la cadena sea confiable, preciso y tenga una memoria fuerte. Se analiza el texto para comprobar su coherencia con otros hadices auténticos y con el Corán, así como su adecuación a los principios islámicos establecidos.

Los hadices generalmente se clasifican en varias categorías: *sahih* (auténticos), *hasan* (buenos) y *da'if* (débiles). Los hadices *sahih* tienen una cadena continua de narradores confiables y se consideran los más confiables. Los *hadices* hasan tienen una cadena generalmente confiable pero pueden tener algunos problemas menores. Los hadices *da'if*, al ser débiles, pueden tener problemas en su cadena o contenido, y su uso a menudo es limitado en asuntos legales y teológicos.

Otro ámbito crítico en los estudios sobre los hadices es el examen de la *Sihah Sittah* , las seis principales colecciones de hadices compiladas por destacados eruditos. Estas colecciones (*Sahih al-Bukhari* , *Sahih Muslim* , *Sunan Abu Dawood* , *Sunan at-Tirmidhi* , *Sunan an-Nasa'i* y *Sunan Ibn Majah*) representan las fuentes de hadices más respetadas. Cada colección tiene su propia metodología para seleccionar y verificar los hadices, que refleja los criterios y enfoques de los eruditos en cuanto a la autenticidad.

Además de la autenticidad, el estudio de los hadices implica comprender el contexto en el que se registraron los dichos y las acciones del Profeta. Esto incluye explorar el contexto histórico, social y cultural de los hadices, lo que ayuda a los eruditos a interpretarlos correctamente y aplicarlos a cuestiones contemporáneas. Comprender el contexto también implica examinar las circunstancias que rodearon la revelación de los hadices, las interacciones del Profeta con sus compañeros y las normas sociales de la época.

El estudio de los hadices también incluye el análisis del *Matn al-Hadith* , el contenido o texto del hadiz. Los eruditos evalúan el contenido en cuanto a su coherencia con otros hadices conocidos y con el Corán. También evalúan si el hadiz aborda cuestiones relacionadas con decisiones legales, orientación ética o conducta personal. El objetivo es garantizar que las interpretaciones y aplicaciones del hadiz se alineen con las enseñanzas islámicas y contribuyan positivamente a la fe y la práctica de los musulmanes.

El *Ilm al-Hadith* , o ciencia del hadiz, abarca varias subdisciplinas, entre ellas *Ilal* (el estudio de los defectos ocultos en el hadiz), *Jarh wa Ta'dil* (la evaluación de la fiabilidad de los narradores) y *Mustalah al-Hadith* (la terminología y los principios de la clasificación del hadiz). Estas disciplinas proporcionan un marco para evaluar el hadiz y garantizar la integridad de la literatura hadiz.

Los estudios sobre los hadices también implican el examen de *los Shuruh* (comentarios) sobre las colecciones de hadices. Los eruditos han escrito comentarios extensos sobre las principales colecciones de hadices, explicando los significados, contextos e implicaciones de los relatos. Estos comentarios proporcionan información valiosa sobre los hadices y ayudan a los musulmanes a comprender y aplicar las enseñanzas del Profeta en sus vidas.

En resumen, los estudios de los hadices son un campo complejo y multifacético que desempeña un papel vital en la comprensión y aplicación de las enseñanzas islámicas. Al examinar la autenticidad, el contexto y el contenido de los hadices, los eruditos se aseguran de que la guía del Profeta Muhammad se transmita con precisión y se practique fielmente. Este enfoque riguroso de los estudios de los hadices ayuda a preservar la integridad de las enseñanzas islámicas y proporciona una base para interpretar y aplicar la sabiduría del Profeta en diversos aspectos de la vida.

Historia islámica

La historia islámica abarca más de catorce siglos y abarca el surgimiento de una civilización religiosa y cultural que ha marcado de manera significativa la historia mundial. Está marcada por el surgimiento del Islam, la vida del profeta Mahoma, la expansión de la religión a través de los continentes y el desarrollo de varios imperios y sociedades islámicas.

La historia islámica se basa en la vida del profeta Mahoma, que nació en La Meca alrededor del año 570 d. C. Su juventud estuvo marcada por su reputación de honestidad e integridad, lo que le valió el título de *Al-Amin* (el digno de confianza). A los 40 años, comenzó a recibir revelaciones de Dios a través del ángel Gabriel, que luego se recopilaron en el Corán. Estas revelaciones desafiaban las prácticas politeístas de La Meca y exigían la adoración de un solo Dios, la justicia social y la reforma moral.

El mensaje de Mahoma enfrentó una oposición significativa por parte de la tribu Quraysh en La Meca, lo que llevó a la persecución de sus seguidores. En el año 622 d. C., Mahoma y sus seguidores emigraron a Yathrib, más tarde conocida como Medina, en un evento conocido como la *Hégira* . Esta migración marcó el comienzo del calendario islámico. En Medina, Mahoma estableció una comunidad musulmana y una constitución que sentó las bases para el gobierno islámico y el orden social.

Durante la década siguiente, Mahoma lideró a sus seguidores en varias batallas y negociaciones, consolidando el estado musulmán. En el año 630 d. C., él y sus seguidores habían conquistado pacíficamente La Meca, purificando la Kaaba de sus ídolos y restableciéndola como centro de adoración monoteísta. La muerte de Mahoma en el año 632 d. C. marcó el final de su liderazgo directo, pero inició el período del *Califato Rashidun* .

El *califato de Rashidun* (632-661 d. C.) estuvo encabezado por los cuatro primeros califas: Abu Bakr, Umar ibn al-Khattab, Uthman ibn

Affan y Ali ibn Abi Talib. Este período se caracteriza por la rápida expansión del territorio islámico más allá de la península arábiga, incluida la conquista de partes de los imperios bizantino y sasánida. El califato también estuvo marcado por luchas internas, incluida la *Primera Fitna* (656-661 d. C.), una serie de guerras civiles y conflictos políticos.

Tras el califato de Rashidun surgió el *califato omeya* (661-750 d. C.) bajo el liderazgo de la dinastía omeya. Los omeyas establecieron su capital en Damasco y supervisaron una mayor expansión territorial, que se extendió desde España en el oeste hasta la India en el este. Este período fue testigo del desarrollo de una cultura y una estructura administrativa islámicas diferenciadas, pero también estuvo marcado por un creciente descontento entre varios grupos musulmanes, lo que llevó al surgimiento del *califato abasí* .

El *califato abasí* (750-1258 d. C.) sucedió a los omeyas y estableció su capital en Bagdad. La era abasí suele considerarse una edad de oro de la civilización islámica, caracterizada por avances significativos en la ciencia, la filosofía, la medicina y las artes. El período vio el florecimiento de la vida intelectual y cultural, con eruditos traduciendo textos griegos, persas e indios al árabe y haciendo contribuciones originales en varios campos. Sin embargo, el califato abasí finalmente enfrentó la fragmentación y el declive, lo que llevó al surgimiento de potencias regionales.

La decadencia del califato abasí allanó el camino para el surgimiento de varias dinastías e imperios islámicos. El *califato fatimí* (909-1171 d. C.), con capital en El Cairo, y el *imperio seléucida* (1037-1194 d. C.) en Anatolia, fueron actores importantes en este período. El *sultanato mameluco* (1250-1517 d. C.) gobernó Egipto y el Levante y es conocido por su destreza militar y su mecenazgo de las artes y la arquitectura.

El *Imperio Otomano* (1299-1922 d. C.) es uno de los imperios islámicos más influyentes de la historia. Fundado por Osmán I, los otomanos establecieron un vasto imperio que se extendió por el sudeste de Europa, Asia occidental y el norte de África. La capital del imperio estuvo inicialmente en Bursa, luego en Edirne y, finalmente, en Constantinopla (Estambul) tras su conquista en 1453 d. C. Los otomanos gobernaron un período de notable estabilidad política, expansión militar y logros culturales. El sistema administrativo, los códigos legales y las innovaciones arquitectónicas del imperio dejaron un legado duradero.

En la era moderna, la decadencia del Imperio otomano y el impacto del colonialismo europeo provocaron importantes cambios políticos, sociales y culturales en el mundo musulmán. A principios del siglo XX se produjo la desintegración del Imperio otomano y el surgimiento de nuevos estados-nación en Oriente Medio y el norte de África. La creación de la República de Turquía en 1923, bajo el liderazgo de Mustafa Kemal Atatürk, marcó un cambio significativo del sistema de califato otomano a una república secular.

El período contemporáneo de la historia islámica se caracteriza por la lucha por la estabilidad política, el desarrollo económico y la reforma social en muchos países de mayoría musulmana. El auge del islam político, la difusión de ideologías radicales y los conflictos en curso en Oriente Medio han dado forma a los acontecimientos actuales. Los esfuerzos por modernizarse y reformarse continúan mientras los países de mayoría musulmana exploran sus identidades poscoloniales y buscan equilibrar la tradición con el progreso.

En resumen, la historia islámica es un tapiz rico y complejo que abarca más de catorce siglos y que abarca el ascenso y la caída de los imperios, la difusión de las prácticas religiosas y culturales y la evolución continua del mundo musulmán. Desde la vida del profeta Mahoma y los primeros califatos hasta el Imperio otomano y los desafíos contemporáneos, la historia islámica refleja la naturaleza dinámica y multifacética de una civilización que ha influido profundamente en la historia mundial y continúa dando forma al presente y al futuro.

Ley islámica (Sharia)

La ley islámica, o *sharia* , es un sistema legal y ético integral derivado del Corán y los hadices (dichos y acciones del profeta Mahoma). Abarca una amplia gama de aspectos, entre ellos el culto, la conducta personal, las relaciones familiares, las transacciones comerciales y la justicia penal. La sharia sirve como guía para los musulmanes sobre cómo vivir una vida que agrade a Dios y esté en armonía con los principios del Islam.

La sharia no es un mero conjunto de leyes, sino un sistema holístico que integra dimensiones jurídicas, morales y espirituales. Su objetivo es defender la justicia, la equidad y el bien común, reflejando la voluntad divina tal como se expresa en las enseñanzas islámicas. Las fuentes principales de la sharia son el Corán y los hadices, que proporcionan los principios fundamentales y una guía detallada para diversos aspectos de la vida.

La interpretación y aplicación de la sharia implica varias metodologías clave. La más importante es *el Ijtihad* , o razonamiento independiente, en el que los eruditos aplican principios derivados del Corán y los hadices a nuevas situaciones y cuestiones que no se abordan explícitamente en los textos primarios. Este proceso permite la adaptación de la ley islámica a las circunstancias cambiantes y a las necesidades sociales en evolución. Los eruditos utilizan *el Qiyas* (analogía), *el Ijma* (consenso) y *el Istihsan* (preferencia jurídica) para tomar decisiones jurídicas informadas y garantizar que las interpretaciones sigan siendo pertinentes y prácticas.

La jurisprudencia islámica, o *fiqh* , es la ciencia de la interpretación y aplicación de la sharia. Se divide en varias escuelas de pensamiento, cada una con su metodología e interpretación. Las cuatro principales escuelas sunitas de jurisprudencia son la hanafi, la malikí, la shafí y la hanbalí. Cada escuela ha desarrollado sus propios principios y resoluciones legales basados en el Corán, los hadices y el consenso de los primeros eruditos. El Islam chií también tiene su propia tradición legal, siendo la escuela jafarí la más destacada entre los musulmanes chiítas.

Además de las fuentes primarias, la aplicación de la sharia implica la consideración de *la maslaha* (el interés público) y *de la maqasid al-shariah* (los objetivos de la sharia). Estos conceptos garantizan que las decisiones judiciales sirvan al bien común y se alineen con los objetivos superiores de preservar la fe, la vida, el intelecto, el linaje y la propiedad. Al centrarse en estos objetivos, la sharia busca promover la justicia, la equidad y el bienestar de los individuos y la sociedad.

La sharia abarca diversos aspectos de la vida personal y social. En cuanto a la conducta personal, proporciona pautas para el comportamiento moral, incluida la honestidad, la integridad y el respeto por los demás. Aborda cuestiones como las leyes alimentarias, los códigos de vestimenta y la higiene personal, haciendo hincapié en la importancia de la limpieza y la modestia.

En el derecho de familia, la sharia describe los derechos y responsabilidades de los miembros de la familia, incluidos el matrimonio, el divorcio y la herencia. El matrimonio se considera un vínculo sagrado y la sharia establece normas detalladas sobre los derechos y deberes de los cónyuges, el proceso de divorcio y la división de la herencia. Los principios de justicia y equidad son fundamentales para el derecho de familia y garantizan la protección de los derechos de todos los miembros de la familia.

En las transacciones comerciales y financieras, la sharia promueve la conducta ética y prohíbe las prácticas consideradas dañinas o explotadoras. Por ejemplo, *la riba* (usura) está estrictamente prohibida y las transacciones deben realizarse de manera transparente y justa. La sharia fomenta el comercio y el intercambio y enfatiza la honestidad y la integridad en las transacciones financieras.

El derecho penal de la sharia incluye disposiciones para diversos delitos, entre ellos el robo, el adulterio y las acusaciones falsas. Las penas tienen por objeto ser justas y reformadoras, con el objetivo de disuadir el delito y, al mismo tiempo, ofrecer oportunidades de arrepentimiento y rehabilitación. La aplicación del derecho penal de la sharia exige a menudo un alto nivel de pruebas y la consideración de factores atenuantes.

Uno de los desafíos más importantes en la aplicación de la sharia es equilibrar las interpretaciones tradicionales con las cuestiones contemporáneas. A medida que las sociedades evolucionan, la aplicación de la sharia debe abordar nuevas cuestiones jurídicas y éticas que no estaban presentes en los primeros contextos islámicos. Esto requiere una comprensión matizada tanto de la letra como del espíritu de la ley, así como la voluntad de participar en una interpretación reflexiva e informada.

En la actualidad, la aplicación de la sharia varía considerablemente entre los distintos países y comunidades. Algunos países de mayoría musulmana incorporan la sharia a sus sistemas jurídicos en distintos grados, a menudo junto con leyes seculares. En otros, la sharia se aplica principalmente en cuestiones de estatus personal, como el derecho de familia, mientras que los asuntos civiles y penales se rigen por el derecho secular.

La aplicación diversa de la sharia refleja la adaptabilidad de la ley islámica y su capacidad para satisfacer las necesidades de diferentes sociedades, sin perder la fidelidad a sus principios fundacionales. Los académicos y juristas siguen participando en debates y discusiones sobre la mejor manera de aplicar la sharia en los contextos contemporáneos, esforzándose por garantizar que su implementación siga siendo justa, equitativa y acorde con los valores fundamentales del Islam.

En resumen, la ley islámica, o sharia, es un sistema integral que rige diversos aspectos de la vida, incluida la conducta personal, las relaciones familiares, las transacciones comerciales y la justicia penal. Derivada del Corán y los hadices, la sharia integra dimensiones jurídicas, morales y espirituales, con el objetivo de promover la justicia, la equidad y el bien común. La interpretación y aplicación de la sharia implica una variedad de metodologías y principios, que reflejan la naturaleza dinámica y evolutiva de la jurisprudencia islámica. A medida que las sociedades cambian, la sharia continúa adaptándose, esforzándose por defender sus valores fundamentales y al mismo tiempo abordar los desafíos contemporáneos.

Sufismo y espiritualidad

El sufismo, o *tasawwuf*, representa la dimensión mística y espiritual del Islam, centrándose en la experiencia interior y personal de Dios. Hace hincapié en el desarrollo de una relación profunda y personal con lo divino a través de prácticas que fomentan el crecimiento espiritual, la pureza de corazón y la autoconciencia. El sufismo busca trascender el mundo material y lograr una conexión directa y experiencial con Dios, a menudo descrita como el objetivo último del camino sufí.

Los orígenes del sufismo se remontan a los primeros días del Islam, cuando el énfasis en la pureza interior y la devoción eran parte integral de la vida del profeta Mahoma y sus compañeros. Con el tiempo, el sufismo evolucionó hasta convertirse en una tradición distinta con sus propias prácticas, enseñanzas y estructuras organizativas. Los primeros sufíes eran conocidos por su ascetismo, su piedad y su dedicación a las prácticas espirituales que tenían como objetivo purificar el alma y acercarse a Dios.

El concepto de *Ihsan*, que significa esforzarse por alcanzar la excelencia en el culto y la conducta, es central en el sufismo. El profeta Mahoma describió el Ihsan como adorar a Dios como si uno lo viera, y aunque uno no lo vea, sabiendo que Dios lo ve. Este profundo sentido de conciencia y presencia divina es un aspecto central de la espiritualidad sufí. Los sufíes a menudo realizan prácticas como *el dhikr* (recuerdo de Dios), *la salah* (oración) y *la muraqaba* (meditación) para cultivar esta conciencia y profundizar su conexión espiritual.

El sufismo pone un gran énfasis en la transformación interior del ser. El camino de un sufí suele describirse como un proceso de purificación y autodescubrimiento, en el que uno se enfrenta y supera el ego, o *nafs*. El objetivo es alcanzar un estado de iluminación espiritual y cercanía a Dios, caracterizado por cualidades como la humildad, el amor y la compasión. Esta transformación suele estar guiada por un maestro espiritual o *shaykh* , que proporciona orientación, apoyo y sabiduría a lo largo del camino.

Uno de los aspectos clave del sufismo es el uso del simbolismo y la metáfora para expresar verdades espirituales. La literatura sufí es rica en obras poéticas y alegóricas que transmiten profundas percepciones espirituales. Poetas sufíes de renombre como Rumi, Hafiz e Ibn Arabi han utilizado la poesía para explorar temas como el amor divino, la unidad y la búsqueda del significado espiritual. Sus escritos suelen enfatizar la idea del amor divino como una fuerza transformadora que trasciende las limitaciones del mundo material y conduce a una comprensión más profunda de Dios.

El sufismo también implica prácticas y rituales comunitarios que fomentan la conexión y la unidad espiritual. La orden sufí, o *tariqa* , es una hermandad espiritual que sigue un camino específico bajo la guía de un jeque. Estas órdenes suelen tener prácticas, enseñanzas y formas de adoración distintas. Las prácticas comunes incluyen recitaciones grupales de dhikr, oraciones comunitarias y reuniones espirituales conocidas como *majalis* . Estos rituales ayudan a fortalecer los vínculos entre los miembros y facilitan la búsqueda colectiva del crecimiento espiritual.

El concepto de amor divino, o *ishq* , es central en la espiritualidad sufí. Los sufíes creen que el amor a Dios es la fuerza impulsora detrás de todo esfuerzo espiritual y que experimentar el amor de Dios conduce a la verdadera plenitud y alegría. Este amor se expresa a menudo a través de actos de devoción, compasión y servicio a los demás. Los sufíes ven el amor como un medio para trascender el yo y experimentar un profundo sentido de unidad con lo divino.

El sufismo ha enfrentado diversos desafíos y críticas a lo largo de su historia. Algunos eruditos islámicos ortodoxos han considerado que ciertas prácticas y creencias sufíes se desvían de las enseñanzas islámicas dominantes. Sin embargo, el sufismo también ha hecho contribuciones significativas al pensamiento, la cultura y la práctica islámicos. Ha desempeñado un papel vital en la expansión del Islam en diferentes regiones y ha influido en diversos aspectos del arte, la literatura y la filosofía islámicos.

En la actualidad, el sufismo sigue prosperando y adaptándose a los contextos modernos. Muchas órdenes y practicantes sufíes participan activamente en el diálogo interreligioso, la justicia social y el servicio comunitario. El énfasis del sufismo en la transformación interior y el crecimiento espiritual resuena en las personas que buscan un significado y una conexión más profundos en un mundo que cambia rápidamente.

En resumen, el sufismo representa la dimensión mística y espiritual del Islam, centrándose en la experiencia interior de Dios y la transformación del yo. Implica prácticas como el recuerdo, la meditación y la poesía que tienen como objetivo profundizar la conexión espiritual y cultivar el amor divino. El sufismo tiene una rica tradición de pensamiento místico y práctica comunitaria, y continúa ofreciendo un camino de exploración espiritual y crecimiento personal en el mundo moderno.

Cómo afrontar dudas y preguntas

Afrontar las dudas y las preguntas es un aspecto crucial del proceso de adopción y práctica del Islam. Las dudas y las preguntas pueden surgir de diversas fuentes, ya sea que se deriven de incertidumbres personales, desafíos externos o del proceso de integración de nuevas creencias en la vida de uno. Para abordar estas dudas de manera eficaz es necesario combinar la introspección, la búsqueda de conocimiento y el contacto con la comunidad musulmana en general.

El primer paso para abordar las dudas es reconocerlas y aceptarlas como parte natural del proceso de desarrollo de la fe. Las dudas no son inherentemente negativas; pueden ser una oportunidad para una comprensión más profunda y una fe más fuerte si se las aborda de manera constructiva. El Islam alienta a los buscadores a hacer preguntas y buscar la claridad como parte de su crecimiento espiritual. Tanto el Corán como los hadices enfatizan la importancia de buscar el conocimiento y la comprensión, y muchos eruditos destacados han abordado diversas dudas a lo largo de la historia islámica.

Una forma eficaz de abordar las dudas es mediante la educación. El acceso a fuentes fiables de conocimiento islámico, como el Corán, los hadices y las obras de eruditos reputados, puede aportar claridad y dar respuesta a muchas preguntas. Es importante acercarse a estas fuentes con una mente abierta y la voluntad de aprender. Asistir a conferencias, participar en círculos de estudio y leer libros sobre teología, jurisprudencia e historia islámicas puede ayudar a construir una base sólida y a abordar dudas específicas.

También puede resultar beneficioso consultar a personas con conocimientos y experiencia, como académicos, imanes o mentores. Estas personas pueden ofrecer orientación, proporcionar contexto y abordar inquietudes específicas en función de su experiencia. Entablar un diálogo abierto y respetuoso con miembros conocedores de la comunidad puede ayudar a aclarar conceptos erróneos y brindar tranquilidad.

Reflexionar sobre las propias experiencias y el camino espiritual es otro aspecto importante para afrontar las dudas. La reflexión personal permite a las personas examinar sus creencias, valores y experiencias a la luz de las enseñanzas islámicas. La oración y la súplica (dua) pueden ser herramientas poderosas para buscar orientación y consuelo. Pedirle a Dios claridad y fortaleza para afrontar las dudas puede ayudar a nutrir la fe y resolver las incertidumbres.

Comprender que la duda forma parte de la experiencia humana también puede brindar consuelo. Muchos compañeros del profeta Mahoma y los primeros eruditos musulmanes experimentaron dudas y luchas en su camino de fe. Sus experiencias y resoluciones pueden servir como valiosas lecciones y ejemplos. Reconocer que otros han enfrentado desafíos similares y han salido de ellos con una fe fortalecida puede ser alentador.

También resulta útil relacionarse con la comunidad musulmana en general. Ser parte de una comunidad solidaria puede brindar un sentido de pertenencia y tranquilidad. Participar en actividades comunitarias, como oraciones, grupos de estudio y eventos sociales, puede fortalecer la conexión con el Islam y ofrecer oportunidades de aprendizaje y apoyo. El sentido de solidaridad y la experiencia compartida pueden ayudar a aliviar los sentimientos de aislamiento e incertidumbre.

Cuando se tienen dudas relacionadas con cuestiones específicas o desafíos contemporáneos, puede resultar útil buscar conocimientos o perspectivas especializados. Por ejemplo, si surgen dudas sobre ciertos aspectos de la ley islámica, la ética o cuestiones modernas, consultar a académicos especializados en esas áreas puede brindar respuestas detalladas e informadas. Este enfoque garantiza que las respuestas estén bien fundamentadas y sean pertinentes a las preocupaciones específicas.

Por último, es importante abordar las dudas y las preguntas con paciencia y perseverancia. Construir y alimentar la fe es un proceso continuo y es natural que las personas atraviesen períodos de incertidumbre. Mantener una actitud positiva, estar abiertos al aprendizaje y seguir buscando conocimiento y orientación puede ayudar a superar estos desafíos.

En resumen, afrontar las dudas y las preguntas es parte integral del proceso de adopción y práctica del Islam. Reconocer las dudas, buscar conocimiento, consultar a personas con conocimientos, reflexionar sobre las experiencias personales y relacionarse con la comunidad musulmana son estrategias eficaces para abordar las incertidumbres. Al abordar las dudas con paciencia y la voluntad de aprender, las personas pueden fortalecer su fe y lograr una mayor claridad y comprensión.

Manejo de la oposición

Enfrentar la oposición, ya sea de la familia, los amigos o la sociedad, es un desafío común que enfrentan muchas personas que abrazan el Islam. Esta oposición puede manifestarse de diversas formas, incluido el escepticismo, la crítica o la hostilidad abierta. Para afrontar estos desafíos se necesita paciencia, resiliencia y un enfoque reflexivo para gestionar y abordar eficazmente las preocupaciones, manteniendo al mismo tiempo la fe y el compromiso.

Uno de los primeros pasos para abordar la oposición es comprender su naturaleza. Reconocer que la oposición a menudo surge de una falta de comprensión, desinformación o diferentes valores y creencias. Las personas pueden reaccionar negativamente debido al miedo a lo desconocido o a nociones preconcebidas sobre el Islam. Abordar estas reacciones con empatía y la voluntad de entablar un diálogo constructivo puede ayudar a superar las brechas y disipar los conceptos erróneos.

La comunicación clara y abierta es fundamental cuando se trata con la oposición. Cuando se enfrentan a preguntas o críticas, hay que abordar la conversación con respeto y una actitud tranquila. Ofrecer información precisa sobre el Islam, explicar las creencias personales y compartir aspectos positivos de la fe puede ayudar a fomentar la comprensión. Es importante escuchar activamente las preocupaciones de los demás y abordarlas con consideración, sin ponerse a la defensiva ni generar confrontación.

También es esencial informarse bien sobre el Islam. Estar bien informado permite a las personas responder a preguntas y críticas con confianza y claridad. Esto incluye comprender aspectos clave de las creencias, prácticas e historia islámicas. Tener una base sólida de conocimientos permite abordar conceptos erróneos y brindar información precisa de manera eficaz.

La participación en redes de apoyo, como la de otros musulmanes, líderes comunitarios o mentores, puede proporcionar una valiosa orientación y aliento. Estas personas pueden ofrecer consejos sobre cómo afrontar la oposición, compartir sus propias experiencias y brindar apoyo emocional. Ser parte de una comunidad que brinda apoyo ayuda a reforzar la fe y brinda un sentido de solidaridad.

También es importante demostrar los principios del Islam a través de las acciones. Vivir los valores de la bondad, la paciencia y el respeto puede servir como un poderoso testimonio de la fe. Las acciones a menudo hablan más que las palabras, y demostrar el impacto positivo de las enseñanzas islámicas en la vida diaria puede contrarrestar los estereotipos negativos y resaltar los valores de la compasión y la justicia.

Para manejar la oposición de familiares y amigos se requiere una sensibilidad y un cuidado adicionales. Las relaciones personales pueden verse profundamente afectadas por las diferencias religiosas, y para manejar estas dinámicas es necesario equilibrar las creencias propias con el mantenimiento de la armonía familiar. Las conversaciones abiertas y honestas con los seres queridos sobre la propia trayectoria religiosa pueden ayudar a generar un entendimiento mutuo. Es fundamental abordar estas conversaciones con empatía, reconociendo sus preocupaciones y expresando al mismo tiempo la propia perspectiva.

En algunos casos, puede ser necesario establecer límites para proteger el bienestar de la persona. Si la oposición se vuelve excesivamente dura o dañina, es importante priorizar la salud mental y emocional personal. Buscar la orientación de líderes comunitarios o consejeros puede brindar estrategias para manejar interacciones difíciles y mantener la paz mental.

Las oraciones y las súplicas también son herramientas poderosas para manejar la oposición. Buscar la fortaleza y la guía de Dios puede brindar consuelo y claridad durante los momentos difíciles. Participar regularmente en la oración y las prácticas espirituales ayuda a mantener una sensación de paz interior y determinación.

En definitiva, para afrontar la oposición es necesaria una combinación de paciencia, educación, comunicación respetuosa y resiliencia personal. Si se aborda la oposición de forma reflexiva y se demuestran los valores del Islam a través de las acciones, las personas pueden superar estos desafíos sin dejar de ser fieles a su fe. Es importante recordar que la oposición es una experiencia común y que la perseverancia, junto con el apoyo de una comunidad fuerte, puede ayudar a superar estos obstáculos y fortalecer el camino de fe.

Mantener la fe en un entorno no musulmán

Mantener la fe en un entorno no musulmán puede ser una experiencia desafiante pero gratificante. A menudo implica sortear diferencias culturales, enfrentar malentendidos y mantenerse fiel a las propias creencias mientras se interactúa con una comunidad diversa. A continuación, se presentan algunas estrategias y perspectivas para preservar la fe en medio de tales circunstancias.

Una de las principales formas de mantener la fe es mediante el compromiso personal y la disciplina espiritual. Establecer una práctica constante de oraciones diarias, la lectura del Corán y la reflexión personal ayuda a fortalecer la conexión con Dios y a reforzar los principios religiosos. Esta disciplina personal proporciona una base sólida y resistencia frente a las presiones externas.

Es fundamental crear una red de apoyo. Conectarse con otros musulmanes, ya sea a través de mezquitas locales, centros islámicos o comunidades en línea, puede brindar aliento y solidaridad. Estas conexiones brindan un sentido de pertenencia y un espacio para compartir experiencias, buscar consejos y obtener apoyo para mantener las prácticas religiosas.

La educación sobre la propia fe es otro aspecto clave. Conocer las creencias, las prácticas y la historia islámicas ayuda a las personas a responder con confianza a las preguntas o a los desafíos. Este conocimiento no solo ayuda a aclarar conceptos erróneos, sino que también refuerza la convicción personal. Participar en círculos de estudio, asistir a conferencias y participar en debates con personas conocedoras puede profundizar aún más la comprensión.

Es esencial lograr un equilibrio entre las prácticas religiosas y la vida cotidiana. Esto implica encontrar formas prácticas de cumplir con las obligaciones religiosas y, al mismo tiempo, adaptarse a las realidades de vivir en un entorno no musulmán. Por ejemplo, encontrar momentos y espacios apropiados para las oraciones, preparar alimentos halal y observar el ayuno durante el Ramadán, incluso en un contexto no musulmán, son aspectos importantes para mantener la fe.

La comunicación eficaz es fundamental cuando se trata de diferencias culturales y religiosas. Explicar las creencias y prácticas propias de forma respetuosa y clara puede ayudar a fomentar la comprensión y reducir los malentendidos. Educar a los demás sobre el Islam puede disipar los estereotipos y fomentar el respeto mutuo.

También es importante practicar la paciencia y la resiliencia. Enfrentar desafíos o enfrentarse a prejuicios requiere un fuerte sentido de fortaleza interior y perseverancia. Adoptar las enseñanzas del Islam sobre la paciencia y la resiliencia ayuda a mantener el foco en los objetivos espirituales y a superar las dificultades.

Mantener la fe en un entorno no musulmán implica equilibrar los compromisos religiosos con las interacciones sociales. Es esencial respetar las creencias de los demás y al mismo tiempo mantenerse firme en los propios valores. Entablar un diálogo interreligioso y participar en actividades comunitarias puede promover el respeto y la comprensión mutuos, demostrando los aspectos positivos del Islam.

En resumen, mantener la fe en un entorno no musulmán implica una combinación de compromiso personal, creación de redes de apoyo, autoformación y equilibrio entre las prácticas religiosas y la vida cotidiana. Mediante una comunicación eficaz, paciencia y resiliencia, las personas pueden afrontar los desafíos de vivir en un contexto diverso y, al mismo tiempo, mantenerse fieles a su fe.

Educación continua y crecimiento

La educación continua y el crecimiento personal son esenciales para nutrir y profundizar la fe y la comprensión del Islam. Este camino continuo de aprendizaje y desarrollo enriquece la vida espiritual, fortalece la práctica religiosa y mejora la capacidad de contribuir positivamente a la comunidad. Asumir el compromiso de aprender y crecer a lo largo de la vida implica diversas estrategias y enfoques.

En primer lugar, es fundamental estudiar regularmente el Corán y los hadices. Profundizar en la comprensión de las fuentes primarias del Islam ayuda a comprender las enseñanzas fundamentales y sus aplicaciones en la vida diaria. La recitación, la reflexión y el estudio regulares de estos textos, con la guía de eruditos reputados o grupos de estudio, mejoran la comprensión y fomentan la conexión espiritual.

También es importante ampliar los conocimientos a través de la literatura y la erudición islámicas. La lectura de libros y artículos escritos por eruditos respetados sobre temas como la teología, la jurisprudencia, la historia y la espiritualidad proporciona información y perspectivas valiosas. La asistencia a conferencias, seminarios y talleres puede facilitar aún más el aprendizaje y exponer a la gente a diversos puntos de vista dentro de la tradición islámica.

Participar en programas formales de educación islámica es otra vía de crecimiento. Inscribirse en cursos ofrecidos por universidades islámicas, plataformas en línea o instituciones educativas locales puede proporcionar un aprendizaje estructurado y rigor académico. Estos programas suelen abarcar una amplia gama de temas, incluidos estudios islámicos avanzados, religión comparada y cuestiones contemporáneas, lo que contribuye a una educación integral.

Además de los estudios religiosos tradicionales, es valioso desarrollar habilidades para la vida y el desarrollo personal. Aprender sobre liderazgo, comunicación y resolución de conflictos puede mejorar la capacidad de servir a los demás y contribuir a la comunidad de manera eficaz. La integración de estas habilidades con los principios islámicos puede ayudar a fomentar relaciones positivas y a abordar los desafíos contemporáneos.

La participación en proyectos de servicio y trabajo voluntario con la comunidad musulmana en general ofrece experiencia práctica y crecimiento personal. Contribuir a iniciativas benéficas, participar en actividades de extensión comunitaria y apoyar causas de justicia social se alinean con los valores islámicos y brindan oportunidades para generar un impacto significativo.

Mantener prácticas espirituales y la autorreflexión es fundamental para el crecimiento continuo. La oración, la meditación y la reflexión periódicas sobre las propias acciones e intenciones ayudan a evaluar el progreso y a abordar áreas de mejora. Buscar la opinión de mentores o guías espirituales también puede proporcionar información y orientación valiosas.

Mantenerse informado sobre los problemas y desafíos contemporáneos en el mundo musulmán y más allá ayuda a aplicar las enseñanzas islámicas a los contextos actuales. Interactuar con los acontecimientos actuales, comprender la dinámica sociopolítica y explorar cómo los principios islámicos pueden abordar los problemas modernos contribuyen a una práctica de la fe más informada y pertinente.

También es importante aceptar la diversidad dentro de la tradición islámica. Aprender de diferentes escuelas de pensamiento, prácticas culturales e interpretaciones amplía la perspectiva y fomenta un enfoque más inclusivo de la fe. Interactuar con musulmanes de diversos orígenes y tradiciones puede enriquecer la comprensión y la apreciación de la comunidad musulmana mundial.

En resumen, la educación y el crecimiento continuos implican un enfoque multifacético que incluye el estudio regular de los textos islámicos, la ampliación de los conocimientos a través de la literatura y la educación formal, el desarrollo de habilidades personales y de vida, la participación en el servicio comunitario y el mantenimiento de las prácticas espirituales. Al seguir estos caminos, las personas pueden profundizar su fe, mejorar su comprensión del Islam y contribuir positivamente tanto a su desarrollo personal como a la comunidad en general.

Personajes famosos que se convirtieron al Islam

A lo largo de la historia, muchas personas notables de diversos ámbitos han abrazado el Islam, aportando sus diversos orígenes y experiencias a su nueva fe. Sus conversiones suelen reflejar viajes personales de descubrimiento y transformación espiritual, y han contribuido significativamente al mundo musulmán y más allá. A continuación se enumeran algunas figuras destacadas que se han convertido al Islam:

Una de las figuras más conocidas es Malcolm X, nacido Malcolm Little. Su conversión al Islam y su posterior peregrinación a La Meca fueron momentos cruciales en su vida. El recorrido de Malcolm X desde una vida de delincuencia hasta convertirse en un destacado líder de los derechos civiles y ministro musulmán es un testimonio del poder transformador de la fe. Su autobiografía y sus discursos siguen inspirando a muchas personas con su mensaje de justicia racial, redención personal y despertar espiritual.

Otro converso notable es Muhammad Ali, el legendario boxeador conocido por sus logros en los deportes y su postura franca sobre temas sociales. La conversión de Ali al Islam en la década de 1960 fue un acontecimiento significativo en su vida, que marcó un cambio con respecto a su identidad anterior, Cassius Clay. Su aceptación pública del Islam y su defensa de diversas causas sociales ayudaron a elevar la visibilidad de los musulmanes en Estados Unidos y atrajo la atención hacia cuestiones de raza y religión.

Cat Stevens, ahora conocido como Yusuf Islam, es un músico británico que se convirtió al Islam en la década de 1970. Su carrera musical, marcada por éxitos como "Wild World" y "Peace Train", le valió fama internacional. Tras su conversión, Yusuf Islam se alejó de la industria musical para centrarse en la educación, la filantropía y su nueva fe. Sus contribuciones a causas benéficas y sus esfuerzos por promover el diálogo interreligioso reflejan su compromiso con los valores islámicos.

Otra figura destacada es Linda Sarsour, activista palestino-estadounidense y defensora de la justicia social. Conocida por su labor de organización y liderazgo de movimientos como la Marcha de las Mujeres, el activismo de Sarsour está profundamente arraigado en su fe musulmana. Sus esfuerzos por abordar cuestiones como la injusticia racial, la igualdad de género y los derechos de los inmigrantes la han convertido en una voz destacada en la política estadounidense y la defensa social.

En el ámbito literario y académico, destaca el difunto Muhammad Asad, cuyo verdadero nombre era Leopold Weiss. Asad era un judío converso al Islam que llegó a ser un respetado erudito y escritor. Sus obras, entre ellas "El camino a la Meca" y "El mensaje del Corán", han hecho importantes contribuciones al pensamiento islámico y a la comprensión del Islam en el mundo occidental. Su trayectoria de periodista a erudito islámico ilustra el profundo impacto que puede tener la conversión en la vida intelectual y espiritual.

Estas personas, entre muchas otras, demuestran los diversos caminos que llevan a abrazar el Islam y el amplio impacto que sus conversiones han tenido en sus vidas personales y en el mundo en general. Sus historias reflejan cómo la fe puede inspirar la transformación e impulsar a las personas a hacer contribuciones significativas en diversos campos, desde la justicia social y el activismo hasta los deportes y las artes.

Conclusión

El camino de la conversión al Islam es una experiencia profundamente personal y transformadora, marcada por un profundo compromiso de adoptar nuevas creencias, prácticas y un nuevo estilo de vida. Este camino implica no solo un despertar espiritual, sino también un proceso continuo de aprendizaje, crecimiento y adaptación. Desde la comprensión de los principios básicos del Islam y la participación en sus rituales y prácticas hasta la superación de los desafíos de vivir en un entorno no musulmán y hacer frente a la oposición, cada paso es un testimonio de la dedicación y la fe de la persona.

Abrazar el Islam exige un profundo compromiso con sus enseñanzas, incluidos el Corán y los hadices, y un compromiso con el desarrollo personal y espiritual. Implica reconocer la importancia de los cinco pilares del Islam (fe, oración, ayuno, caridad y peregrinación) como elementos centrales de la práctica y la comprensión de la religión. A través de estos pilares, los conversos encuentran un camino estructurado para la adoración y la conexión con Dios.

Además, el proceso de conversión al Islam a menudo implica enfrentarse a desafíos externos, como la oposición de la familia o la sociedad, y a luchas internas, que incluyen dudas y preguntas. Afrontar estos desafíos con paciencia, resiliencia y un enfoque reflexivo ayuda a fortalecer la fe y la determinación. Participar en una educación continua, mantener prácticas espirituales y buscar el apoyo de la comunidad musulmana son cruciales para superar estos obstáculos y garantizar un camino de fe pleno y resiliente.

Las experiencias de conversos notables al Islam ponen de relieve la diversidad de orígenes y las transformaciones personales que conlleva la adopción de la fe. Estas historias sirven de inspiración y demuestran el profundo impacto que la conversión puede tener en la vida de una persona y en su capacidad de contribuir de manera significativa en diversos campos y comunidades.

En conclusión, el camino de la conversión al Islam es una experiencia tanto personal como comunitaria. Es un camino de fe, crecimiento y compromiso que requiere dedicación, reflexión y compromiso activo con las enseñanzas del Islam. A través de la perseverancia y el aprendizaje continuo, los conversos pueden superar los desafíos, abrazar la fe plenamente y contribuir positivamente tanto a su vida personal como a la comunidad musulmana en general.